JN097856

ホスピタリティ概論

ホスピタリティ研究・教育・産業の
現状と未来

金子 章予 編著

学文社

はしがき

　本書は，ホスピタリティ教育の入門書です。

　そもそも，「ホスピタリティ」とは何でしょうか。こう申すとよく驚かれてしまうのですが，日本語の「ホスピタリティ」と英語の「hospitality」とは，意味が若干異なります。日本語では「ホスピタリティ」という言葉が「もてなし」，あるいは「おもいやり」や「サービス精神」などという意味で使用されたりしますが，必ずしも間違ってはいないものの，それらの日本語と英語の「hospitality」とは意味がやはり少しずれています。本書を読み，読者自身が「hospitality」の意味を理解していただきたいと思います。

　では，「ホスピタリティ産業」とは何でしょうか。日本では「サービスにおいて人的要素が重要な役割を果たす産業」とされることが少なくありません。しかし，この説明は，当該産業の特徴をある程度表しているかもしれませんが，定義にはなりえません。「サービスにおいて人的要素が重要な役割を果たす産業」という説明から必然的に「ホスピタリティ産業」は導出されないからです。本書を読み，読者自身が「ホスピタリティ産業」の意味を把握していただきたいと思います。

　最後に，「ホスピタリティ教育」とは何でしょうか。「ホスピタリティ教育」とは，欧米では一般的に，「ホスピタリティ産業に従事する人材を育成するうえで必要な実務及び理論に関する教育」を指し，「ホスピタリティ性（ホスピタリティを体現する態度・精神・マナー）の育成教育」を含むことも少なくありません。一方，日本では，もちろん文脈にもよりますが，後者が重視される傾向にあります。そこでは，多様性と包摂性を中心とするホスピタリティ精神の修得が重要視されます。

　現代ほどホスピタリティ精神の復活が望まれている時代はないのではないでしょうか。2023年には，ウクライナやシリア，イエメンなどで長期化する紛争に加え，4月にはスーダン，10月にはパレスチナ・ガザ地区で武力衝突が激化するなど，世界各地で数えきれない人々が犠牲になり，今も何千万人もの人々が人道的支援を求めています。一人でも多くの人がホスピタリティの重要性を認識するとともにその精神と実践能力を修得することにより，平和な世界が実現することを切に願っています。

　最後になりましたが，本書の執筆に古閑博美氏と冨樫文予氏の協力を得ました。ここに感謝の意を表します。また，本書の刊行にご支援を下さった西武文理大学学長の八巻和彦氏，そしてご理解を示された学文社社長の田中千津子氏に厚く感謝申し上げます。

2024 年初空月

金子　章予

目　次

第 1 章

ホスピタリティ研究の基礎 (1)

◉　本章のねらい　◉
1. 欧米と日本における「ホスピタリティ」研究の動向を説明できるようになる。
2. 日本語の「ホスピタリティ」の意味と英語の"hospitality"の意味の違いを説明できるようになる。
3. 「ホスピタリティ」の慣用的な用法と学術上の用法との違いを説明できるようになる。

キーワード：
ホスピタリティ hospitality，ホスピタリティマネジメント hospitality mangement，サービス，もてなし，おもてなし

1．ホスピタリティ研究の動向

1-1．欧米における「ホスピタリティ」に関する研究の動向

　欧米における「ホスピタリティ」に関する代表的な研究分野は，哲学，文化人類学，経営学である。哲学においては，他者を受入れるという人間社会における制度・風習・理念に関して，主として道徳哲学の視点からホスピタリティを議論している。文化人類学においては，さまざまな民族における「異人歓待」という風習の歴史，意味，相違などが議論されている。

　経営学の分野では，主に戦後の各国内における余暇時間の増加に伴って生まれたホスピタリティ産業（ホスピタリティ産業については，さまざまな捉え方があるが，具体的には飲食，観光，宿泊，リクリエーションに代表される産業。詳しくは後の章にて議論する。）の隆盛に伴い，ホスピタリティ産業におけるマネジメントに関する研究において近年とくに活況を呈している。

1-2．日本におけるホスピタリティに関する研究の動向

　日本におけるホスピタリティ研究の近年の活況は，基本的には，欧米と同様，飲食業，観光業，宿泊業などの市場規模の増大を背景としている。

　しかし，日本におけるホスピタリティ関連研究は，欧米の関連研究よりも大きな広がりを見せている。まず，経営学だけでなく，福祉学，看護学，コミュニティ論，心理学等においても関連研究が多数存在している。これらの学問分野では，ホスピタリティという概念を活用した対人関係の在り方が多く議論されている。また，とくに1990年代における「ホスピタリティ」という言葉の日本社会への浸透・日本語化によって，日本独自の意味づけを施された日本語の

「ホスピタリティ」概念とともに，概念研究や接遇マナーに関する教育研究が独自の地位を占めていることが，日本におけるホスピタリティ研究の特徴である。このような特徴を有した日本におけるホスピタリティ研究のテーマは，表 1.1 のように 6 つに大別できよう。

表 1.1　日本におけるホスピタリティ研究の主要なテーマ

	テーマ	サブテーマ
1	ホスピタリティ概念	語源・起源，歴史，意味，使用方法等
2	ホスピタリティ産業及び関連産業	動向，政策，課題等
3	ホスピタリティマネジメント	①ホスピタリティ産業における経営，さまざまなマネジメント ②ホスピタリティという概念を応用した対人関係のマネジメント
4	ホスピタリティ性	対人関係における思いやり，利他的道徳性や態度，その教育
5	マナー，エチケット，プロトコール	マナー（対人間の礼儀作法），エチケット（当該社会における礼儀作法），プロトコール（外交関係における手順・ルールなど）
6	ホスピタリティ教育	①ホスピタリティ産業人材教育としてのマネジメント教育（3 の②と同） ②ホスピタリティ性の教育

2．"hospitality" の語源

"hospitality" という言葉は，いったいどのように生まれたのであろうか。そして，それはどのように使用されてきたのであろうか。本節では，"hospitality" という言葉の語源を辿ることにより，"hospitality" という言葉の中に流れる DNA を確認する。

2-1．"hospitality" の基礎語である古典ラテン語の *hospes*

インド＝ヨーロッパ語族の研究者であるバンヴェニスト（Émile Benveniste, 1902 ～ 1976）は，ヨーロッパにおける経済活動の「与えることと取ること」に関する制度の一つとしての "hospitalité"（英語の hospitality の語源となったフランス語）の語源を研究し，"hospitalité" の基礎となった語は古典ラテン語の *hospes* であると指摘している（バンヴェニスト 1969 = 1986：81）。

この *hospes* から「友好的な」[1]という意味をもつ形容詞 *hospitalis* が作られ，その形容詞から派生した *hospitālitas*「歓待」の対格形 *hospitālitātem* が古フランス語 *hospitalité* のもとになった（『オックスフォード単語由来辞典』）。

英語の "hospitality" は，古フランス語（*hospitalité*）から，9 世紀頃に英語に借用され（*hospitalite*），14 世紀頃には現在の形 hospitality になった（*Oxford English Dictionary* 1989）。

2-2．hostis と pet-s の合成語としての hospes

また，"hospitality" の基礎語であるラテン語の *hospes* は，*hostis* と *pet-s* の合成語だという（バンヴェニスト 1969 = 1986：81）。このうち前者の *hostis* が意味する原初的な概念は，「保証ない

し代価による平等観」であり，「自分の贈与を反対贈与（給付）によって埋め合わせる者」を指しているという（バンヴェニスト 1969 = 1986：80）。

「他所者」という古典的語義を有する *hostis* は，単なる「他所者」（ローマの領土外に住むものを指す *peregrinus* ペレグリヌス）とは異なり，「〔民族としてはローマ人以外の者だが，ローマ領土内に住む〕ローマ人と同じ権利を認められた限りでの他所者」，換言すれば「〔ローマ人と〕互酬関係にある者」を指し，「客人歓待の正確な概念はまさにここに由来する」とバンヴェニストは指摘する（バンヴェニスト 1969 = 1986：87）。

もう一方の *pet-s* は，もともとは個人のアイデンティティを指し，〔「力」や「可能」の意味を含み，〕「すぐれて家族集団を体現する者」を意味した（バンヴェニスト 1969 = 1986：80）。

ラテン語が客人についての新しい名詞〔*visitator* あるいは *advena* か〕を得て以来，*hostis* と *pet-s* の合成語である *hospes* は，結果として「すぐれて客人歓待を具現化する者」を指すようになった（バンヴェニスト 1969 = 1986：80）。この *hospes* が基礎語となり，やがて「歓待」を意味する *hospitālitātem*「歓待（対格形）」（主格形は *hospitalitas* ）が生まれ，この語がフランス語を経由して英語になったものが "hospitality" ということになる。

バンヴェニスト（1969）は，"hospitality" を「ポトラッチの弱まった形態」（p. 88）とも呼ぶ。ポトラッチとは，アメリカ北西部のインディアンたちの間の風習で，受け取ったものよりも多いものを返さなければならないという反対給付制度のことである。「ポトラッチの弱まった形態」とバンヴェニストが呼ぶ理由は，"hospitality" が，「人が自ら享受したなにがしかの役務に対する報酬の義務を果たし，それによって他者と結ばれる（*hostis* はつねに相互価値を伴っている）という〔ポトラッチと同じ〕考えに基づいているから」（バンヴェニスト 1969=1986：88）だという。

2-3. 古代ギリシア世界におけるホスピタリティ

ホスピタリティの制度が，古代ギリシア世界において *xénos*（クセノス）という「客人」を意味するギリシア語の使用方法の中で存在していることを，バンヴェニストは，『イーリアス』（紀元前 8 世紀末，ギリシアの盲目の詩人ホメーロスの作とされる）第 6 巻の詩句 120-260 における有名な物語を例に挙げて主張する。

「〔客人 *xénos* としての〕契約当事者はいずれも共同の国家的利害以上に強い世襲原理のうちにある義務を与えられ，それは，贈答交換を通して定期的に更新すべき義務である」とバンヴェニストは結論する（バンヴェニスト 1969 = 1986：92-93）。*xénos* という語は，明確な義務を含む盟約によって互いに結びつけられた人々の間における関係を指し，この義務は子孫にまで及ぶというのである。

なお，同じくホメーロスの作と考えられている『オデュッセイア』[2]にも客人歓待の話は何

回も出てくる。『オデュッセイア』は，オデュッセウスが，客人歓待の制度によって窮境に陥ったイタケーへ，途中さまざまなところで客人歓待の制度によって助けられながら帰国し，客人歓待の制度を悪用していた求婚者たちを成敗する，という「客人歓待制度の物語」として読み直すこともできる。

客人歓待制度は，さらに歴史をさかのぼることができる。古代ギリシアで行われていた「オリンピア祭典競技」，いわゆる古代オリンピックである。古代オリンピックは，全能の神ゼウスをはじめ多くの神々を崇めるための神域における体育や芸術の祭典であり，現在，考古学的な研究によって紀元前9世紀ごろから始まったとされている。古代オリンピックが開催されている間，その祭典への道沿いに住む人々は，他所から来た人々を迎え入れ，食事や宿を提供しており，それが hospitalitas と呼ばれて美徳とされ，伝統となったという（『日本大百科全書』「観光」の項）。

このように，ホスピタリティは前9世紀の古代ギリシア世界においてすでに確立した制度として存在しており，ヨーロッパではホスピタリティの制度と思想は極めて古い歴史を有していることがわかる。

2-4. "hospitality" の兄弟語

"hospitality" の関連語として，*hotel, hostel, host, hospital, hospice* などがある。ここでは，"hospitality" と同じくラテン語の *hospes*（客を歓待する人）から派生したこれらの英語の語源を確認しておきたい（図 1.1）。

(1) *hostel, host, hotel*

英語の *hostel*「宿泊所」や *host*「進行係，運営者，司会役，（旅館の）主人」は，ラテン語の *hospes* を基礎語とした *hospitalis*（友好的な）から派生し，1250 年頃には英語化している（『オックスフォード単語由来辞典』）。

また，英語の *hotel* は，同じくラテン語の *hospitalis* から派生したフランス語（*hôtel*）を経由して 18 世紀に英語化した言葉である。

(2) *hospital*

英語の *hospital* は，ラテン語と同じく *hospitalis* の中性形名詞用法の中世ラテン語 *hospitale*「客を有好的に迎え入れる所」に由来する（『オックスフォード単語由来辞典』）。古フランス語を経由して，14 世紀に英語化した（同上）。ただし，*hospital* の意味するところは時代によって異なる（表 1.2）。14 世紀以前は，巡礼者や旅行者の宿泊所を指していたが，15 世紀頃以降は，貧困者への住居供給のための慈善施設や貧困家庭の少年を収容して教育する学校などであっ

た。

　なお，『オックスフォード単語由来辞典』には，「病院という意味となったのは 16 世紀半ば
ごろ以降」と書かれてあるが，1023 年頃に設立されたという巡礼者宿泊所（hospital）は病院も
兼ねており，またこの病院兼宿泊所を拠点として十字軍の遠征で怪我や病気になった者たちへ
の医療奉仕が目的とされた聖ヨハネ十字軍は "Knights Hospitaller"（日本語では「ホスピタリ
ティ騎士団」と言われている）と呼ばれていた。

3.「ホスピタリティ」の慣用的意味

　本節では，日本語の「ホスピタリティ」の慣用的な用法の意味と英語の "hospitality" の慣
用的な用法の意味を比較する。「ホスピタリティ」という言葉は，すでに述べたように，日本
語としては「もてなし」「おもてなし」あるいは「思いやり」と言い換えられることが少なく
ない。だが，これらの訳語は，英語の "hospitality" の意味とは多少ずれがある。

3-1.「思いやり」と "hospitality"

　日本語の「ホスピタリティ」の元となった英語の "hospitality" という単語は，英英辞書を

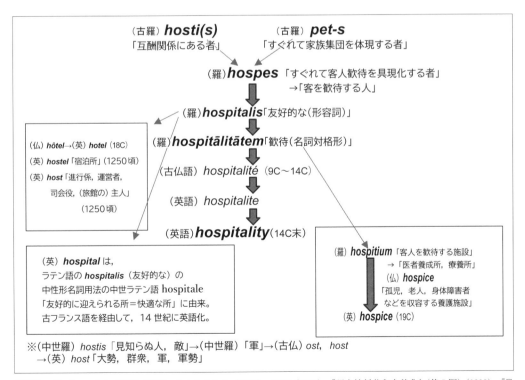

（出所）バンヴェニスト（1969＝1986），チャントレル（2015），OED（1989），『研究社新英和大辞典』（第 5 版）（1990），『世界大百科事典』（第 2 版）の情報から作成。

図 1.1　"hospitality" の語源と兄弟語[3]

紐解くと，多くの場合は "friendly, welcoming behavior toward guests or people you have just met（招待客あるいは出会ったばかりの人に対する，温かい歓迎の行動様式）"（*Collins Cobuild English Dictionary for Advanced Learners 2001*）などと説明されている（表 1.3）。

表 1.2　hospital の意味の変遷

	時期	意　味	例
1	11C ～ 14C 以前	巡礼者や旅行者の宿泊所（病院を兼ねていた。）	・1023 年頃，アマルフィの商人がエルサレムのヨハネ修道院の跡に病院を兼ねた巡礼者宿泊所を設立。第 1 回十字軍以降，その地において聖地エルサレムを守ることを目的とした聖ヨハネ十字軍は，最大 2,000 人が収容可能といわれた病院や宿泊施設を運営しており，騎士出身の修道士も平時には病院での医療奉仕が義務付けられており，「ホスピタル騎士団」（Knights Hospitaller）と呼ばれた。
2	15C ～	貧困者への住居供給のための慈善施設	・慈善施設としての Hospital は，15 世紀のイタリアにおいて貴族や裕福な商人たちが設立することから始められた。ニコラウス・クザーヌス（Nicola Cusano/Nicolaus Cusanus, 1401-1464）も，それにならって自身の故郷（ドイツ，クース）に私財をもって St. Nicolaus Hospital という慈善施設を 1460 年代に設立。貧しい高齢者（男性のみ）33 人（キリストの生涯の年数）を無料で収容。この施設は現在でも運営されている。（隣接する用地には近年，州政府の公費も投入され，さらに大きな高齢者施設が建設され運営されている。） ・Greenwich Hospital（1692 ～ 1869 年）：傷痍海軍人のための施設
3	16C 初頭～	16C 初頭～子どもの教育のための慈善施設	スコットランド法にはこの用法が今でも残っている。 Ex. Heriot's Hospital（ヘリオット救貧院）（1625 年創設。現在は，父の無い貧困家庭の少年を収容し教育する学校となっている。）
4	16C 半ば～	病院	

（出所）チャントレル（2015）の情報を中心に作成。11C ～ 14C 以前の項についてはヌレンス（2007），また St. Nicolaus Hospital に関しては bernkastel 市の HP 及び八巻和彦氏（日本クザーヌス学会会長，ドイツ・クザーヌス協会学術顧問，アメリカ・クザーヌス学会顧問）からの情報による。

　このように英語の "hospitality" は，基本的に，見知らぬ人や訪問者に対するものと限定されている。すなわち，一般的には身内とは区別され差別される可能性のある人（それには「敵」さえ含まれる可能性がある）を，「見返りを求めず」，比喩的な意味で「分け隔てせず」「友として」迎えるのが，"hospitality" というわけである。

　なお，*behavior* という単語は，日本語では「振る舞い，態度；行動」などと訳されるのが一般的ではあるが，「慣習的なやり方」などと同意語となっている言葉であり，ここでは「相手に対する望ましい行動様式あるいは風習」を意味するものと考えられる。

　また，"hospitality" の説明の中によく見かける "generous" は，「気前よく」「惜しみなく」あるいは「寛容な」という意味であるが，「自身の持てるものを全て使って」の意味というよりも，「見返りを求めず」「真心から」の意味と解釈できる。このような意味の *generous* は，英語の *friendly* の意味と同意語とされている。"hospitality" を「思いやり」と訳すのは必ずしも間違いとはいえないが，"hospitality" は，「全ての人が持つべき，全ての人に対するおもいやり」というよりも，「訪問者を見返りを求めず隣人として受け入れる」という特定の場における特定の人に対する寛容で温かい風習であることに留意が必要であろう。

地球温暖化対策や生物の多様性の確保が世界的に喫緊の課題となっている現代においては，ホスピタリティ概念も，自然，動物，物に対しても適用されるべきだという考えがとくに日本においては賞賛されている。それ自体は大切な考え方であり，異論を差し込むつもりはない。だが，英語の "hospitality" は，自然，動物，物に適用する以前に，人間存在そのものの尊厳や平等性を基盤とし，人種，国籍，信条，門地等にかかわらず，人間であることを唯一の条件として他者を隣人として迎え入れることを説く言葉であることを忘れてはならないであろう。

表 1.3　英英辞書における "hospitality" の定義

	"hospitality" の定義	出典
1	Friendly, welcoming behavior toward guests or people you have just met	*Collins Cobuild English Dictionary for Advanced Learners, 2001*
2	friendly and generous behaviour towards guests	*Oxford Advanced Learner's Dictionary (OALD), 7th ed., 2005*
3	the act or practice of being hospitable: the reception and entertainment of guests, visitors, or strangers, with liberality and goodwill	*Oxford English Dictionary (OED), 2nd ed., 1989*
4	friendly behavior toward visitors	*Longman Dictionary of American English, 2000*
5	kindness and friendly behavior, esp. to guests	*Cambridge Academic Content Dictionary*
6	friendly and welcoming behaviour towards guests or customers	*Cambridge Business English Dictionary*
7	the act of being friendly and welcoming to guests and visitors	*Cambridge Advanced Learner's Dictionary and Thesaurus*

3-2.「おもてなし」「もてなし」と "hospitality"

「もてなし」は，『広辞苑（第 7 版）』には，① とりなし。とりつくろい。たしなみ。② ふるまい。挙動。態度。③ 取り扱い。あしらい。待遇。④ 馳走。饗応の 4 つが挙げられている[4]。

　近年の使用方法としては，もちろん文脈にもよるが，④ の馳走，饗応の意味で使われていることが多いのではないだろうか。ここでは，飲食・宿泊を提供すること，あるいはサービスの中でも主として飲食・宿泊業における「一人ひとりに個別化したサービス」としておこう。「おもてなし」はその丁寧語であり，「通常の「もてなし」を超えた特別なもてなし」なかでも「日本の美意識を反映した細部にまで拘るもてなし」を指すと考えられる。

　英語の "hospitality" は，その言葉が仕事内容や産業を指す場合は飲食・宿泊業を指すことが一般的であるが，行為を指す場合は，飲食の提供に限らず，無条件に他所者を受入れて保護する人間愛の発露としての行為全般，あるいはそのような主客の関係性を指している。すなわち，"hospitality" には，「おもてなし」や「もてなし」のような飲食・宿泊に代表される，ホスト側の提供する接待以上のものが含まれている。それぞれの定義によって異なるが，参考までに "hospitality" と「おもてなし」を比べたものが，**表 1.4** である。

表1.4　"hospitality" と「おもてなし」

	"hospitality"	「おもてなし」
対象	・基本的には "visitors"（"guests" と呼ばれることはあるが，基本的に他所からの訪問者） ・基本的にはこれまで知らなかった人，あるいは友として接していなかった人 ・招かざる客も含まれる	・基本的には "guests"（"visitors" も含まれるが，他所者とは限らない。） ・既知か否かを問わない ・招かざる客は含まれない
目的	・相互扶助・人類愛の発露あるいは制度的義務遂行 ・「隣人」「友」（比喩）として受容	・客の一人ひとりを大切にした接待
提供物	・明日へのエネルギーの注入（居場所と癒し（含，食料）を代表とする）	・現在のエネルギー補給（飲食＋宿泊場所を代表とする）
応答欲求	・生存・安全欲求＋α	・生存・安全欲求＋所属と愛の欲求・承認の欲求・自己実現の欲求
精神	・人類愛（多様性と包摂性）	・一期一会
重要性	・人間性，人間としてのぬくもり・愛・相互感謝	・細部，美，感動（精一杯手を尽くすこと）
準備性	・常日頃とその時の心構え・態度・行動	・事前の準備
性質	・自発性（人間愛・優しさの気持ちに基づく自発的なもの），対等性，相互性，倫理性	・相手への敬意，礼儀（対等性，相互性はとくに問われない）

3-3．日本語の「ホスピタリティ」の慣用的な意味

　以上議論してきた日本語の「ホスピタリティ」の慣用的な意味をまとめたものが，表1.5である。すなわち，日本語の「ホスピタリティ」は，慣用的用語としては，①「もてなし」に代表される客・訪問者への接遇（とくに馳走，饗応），②「おもてなし」に代表される日本的な特別な歓待，③「思いやり」に代表される心遣いや親切心，④「質の高いサービス」，⑤「個

表1.5　日本語の「ホスピタリティ」の慣用的な意味

	慣用的な使用における「ホスピタリティ」の意味	意味において重視する主たる側面
1	もてなし A:訪問者・客に対する接遇全般（とくに馳走，饗応） B:マナー・エチケットの伴った接遇行為	主としてホスト側の行為もしくは機能
2	おもてなし（細部と美に拘る，日本独自の「心からの（心遣いのある）もてなし」）	顧客の期待を上回る特別感のあるもてなし
3	思いやり（の気持ちの発露としての相手への支援）	困難を抱える人への愛他的・利他的精神に基づく，相手に差し伸べる支援
4	極めて高い質のサービス	潜在的な欲求への応答による，感動経験の提供（困難を抱えていると本人が自覚しているか否かに拘わらない）
5	他者を思いやれる個人の道徳性	個人が有する人格特性
6	利他的行為をすべきという社会の倫理	社会が有する規範（社会的規範）

人の道徳性」，⑥「利他的行為を発現させる社会の規範」，の6つのうちのいずれかを指していることが多い。

　以上は，「ホスピタリティ」の慣用的な使用方法における意味であるが，学術研究においても慣用的な語法を援用しているものが少なくないことにも留意する必要がある。

4. 「ホスピタリティ」の学術的意味

　では，学術用語としての「ホスピタリティ」あるいは"hospitality"とは，どのような意味を有しているのであろうか。ここでは，「ホスピタリティ」という言葉が学術用語として使われる主要な分野として，哲学，人類学・民俗学，経営学，教育学を取り上げる。

4-1. 道徳哲学の対象としての「ホスピタリティ」

　デリダ（1997 = 2018）は，ホスピタリティに関する議論を，バンヴェニストの他に，道徳哲学・法哲学の流れを踏むソクラテス（Σωκράτης（Sōkrátēs），B.C.470頃～B.C.399 ?），カント（Immanuel Kant, 1724 ~ 1804），ヘーゲル（Georg Wilhelm Friedrich Hegel, 1770 ~ 1831）などに言及しながら進めている。ホスピタリティを法や権利・義務との関係で考察するためである。

　フランスにおいて「アルジェリア出身のユダヤ人」であったデリダ自身も，1940年，突如として市民権を奪われ，自身を「フランスの人質」であったと述べている（廣瀬 2018：184-185）という。「人質」というのは，ここでは単純に，「共同体内に物理的には入れられたものの，その共同体の一員としては実質的に認められていない地位の者」と考えることもできるが，それは，「存在することの我執から超脱した人間の在り方」として，「他の人の代理」としての生を指している，レヴィナス（Emmanuel Lévinas, 1906 ~ 1995）の言葉でもある。さらには，盲目であったとされる古代ギリシア時代の吟詠詩人「ホメーロス」という名の意味（ギリシア語で「人質」「他の人に従わなければならない存在」という意味）を含んでいるのかもしれない。

　デリダによれば，歓待の権利というものは，そもそも個人の義務ではなく，家屋，一族，家族を拘束し，家族的ないし民族的集団を迎え入れる家族的ないしは民族的集団を拘束する（デリダ 1997 = 2018：65）。国や家族は，無条件の歓待として他者を迎え入れて初めて国や家族としてのアイデンティティをもつのであり，そうでなければ，国や家族として成立していないという。

　さらにデリダは続ける。まさに法，習俗，エートス，人倫などの中に書き入れられているからこそ，ホスピタリティの客観的道徳性は，契約者たちの社会的・家族的地位を前提とする（デリダ 1997 = 2018：65）と。だからこそ，匿名で社会的・家族的地位のない，異邦人としても取り扱われず，野蛮な他者とみなされるような者にたいしては，ホスピタリティは提供されない（デリ

ダ 1997 = 2018：66）。そのようにして，無条件のホスピタリティは，条件付きのホスピタリティへと容易に変容してしまうと指摘し，現代社会におけるホスピタリティの失墜を糾弾する。

　また，アガンベン（1995=2003）は古代ローマに存在した「ホモ・サケル（聖なる人間）」という制度を議論している。古代ローマ法が定める特殊な罪（たとえば親を殺傷するなど）を犯した者は，法によって裁かれることがない一方で誰もが殺すことができるという制度である。ホモ・サケルは「共同体から例外として排除されながら，同時に共同体の中に取り込まれる」存在である。共同体の中で包摂されながらも排除するという，現代社会に蔓延している政治やいじめなどの支配体制と同じ構造を持っている。アガンベンは，そのような生を，誰からも歓迎されずいつでも危険と隣り合わせとなっている「むき出しの生」と呼ぶ。それとは逆に，ホスピタリティは，危険な生を分け隔てなく温かく包み込む行為であり制度であると言えよう。

4-2．人類学・民俗学用語としての「ホスピタリティ」

　「20世紀最後の四半世紀，文化人類学や民俗学を中心に，歴史学，文学，経済学，社会学，心理学等，分野を超えて，「異人」が時代を映すキーワードとなった時代があった」（山・小松2015：1）という。その中でもとくに人類学・民俗学においては，「ホスピタリティ」は一般的に「異人歓待」と称され，それにまつわる歴史，風俗，神話・昔話・伝説や「異人論」「他者論」が議論されている。

　「ホスピタリティ」は，外からの人を一時的ではあれ温かく包摂し，危険から守り，さらに元気になった状態で外へと戻す行為であるとともに，制度であり，思想であったが，文化人類学における「異人論」は，広く他者を扱い，差別の問題や分断の問題をも視野に入れている。

4-3．経営学用語としての「ホスピタリティ」

　先に述べたように，英語で"hospitality"と書くと，経営学の分野ではホスピタリティ産業を意味していることが少なくない。現時点においては，慣用語としての日本語の「ホスピタリティ」自体では，ホスピタリティ産業を指していることは稀であるが，大学における科目名の「ホスピタリティ」は「ホスピタリティ産業（の）」を指していることがある（たとえば「ホスピタリティ会計」は「ホスピタリティ産業における会計」など）。

（1）「サービス」と「ホスピタリティ」

　経営学においては，「サービス」と「ホスピタリティ」を比較しているものが多い。だが，経営学の分野においても，「サービス」と「ホスピタリティ」の定義が完全に定まっているわけではないため，これらの概念の間の比較結果は研究者によって若干異なる。

　たとえば，トンプソン（2007）は，「ホスピタリティ」を「感情・感覚に訴えるサービス」だ

と定義する。すると，トンプソン (2007) の定義は，ホスピタリティは，サービスの特殊なものということになる。トンプソン (2007) は，お客様の視点で言えば，ホスピタリティとはお客様の体験全体を指し，そこで感じられる感覚や印象であるため，「〔通常の〕サービス」は「〔感情・感覚にまで届くサービスという〕ホスピタリティ」という歯車を回す潤滑油のようなものであり，それがあることで全体が円滑に運営される，と説明している（トンプソン 2007：148）。

　また，徳江 (2014) は，「サービス」と「ホスピタリティ」は全く別の概念だと主張する。すなわち，「機能や代行などの効用や満足の提供プロセス」における「効用や満足を提供する側面」が「サービス」であり，このようなプロセスにおけるサービス提供者と享受者との間の「人間関係の側面」が「ホスピタリティ」だと言う。さらに言えば，「不確実な状況下の，提供プロセスにおけるサービス提供者と客との関係性のマネジメント」が「ホスピタリティ」だと徳江 (2022) は定義し，その概念をコアとして「ホスピタリティマネジメント」を議論する。徳江 (2014, 2022) の定義は，学問的に優れている。なぜなら，この概念を援用することにより，ホスピタリティ産業における現場のマネジメントの実態の在り方を解明できるとともに価値創造の方向性を明確にすることができるなど，極めて操作性の高いものと言えるからである。

　日本におけるホスピタリティ及びホスピタリティマネジメントに関する研究の先駆者である服部勝人氏の「ホスピタリティ」の定義は，次のようなものである。

　　　人類が生命の尊厳を前提とした創造的進化を遂げるための，個々の共同体もしくは国家の枠を超えた広い社会における多元的共創関係を成立させる相互容認，相互理解，相互信頼，相互扶助，相互依存，相互発展の 6 つの総合性の原理を基盤とした基本的社会倫理（服部 1996：118）

　この定義は，ヨーロッパにおけるホスピタリティの議論と方向性を一にする。たとえば，廣瀬 (2018) は，デリダ (1997) の *De l'hospitalité* のあとがきにおいて「ホスピタリティ」について次のように説明している。

　　　「歓待」とは一般的に，国家，共同体，家庭などが，その戸口（seuil）に到来した他者（外国人，異邦人，よそ者，客人など）を──無条件に，あるいは条件付きで──「迎え入れる」習慣や制度のことをいう。(中略) いったん迎え入れたからには，あらゆる法律や倫理を超えた別の次元において，客人を庇護しなければならないのである。(p.180)

　ただ，服部 (1996) の定義は，あるべきホスピタリティの姿が盛り込まれた美しい定義であ

るが，学問的な分析概念としては使用が難しい。

表 1.6 は，経営学や実務における「サービス」と「ホスピタリティ」を比較したものである。

表 1.6　経営学や実務における「サービス」と「ホスピタリティ」

		「サービス」	「ホスピタリティ」
定義	従来の一般的定義	「モノ」ではなく，「機能」や「代行」などにより，「効用」や「満足」を提供すること	「そこで過ごす時間の経済価値を高めること」
	（参考）新しい定義	全ての経済活動。「他者あるいは自身の便益のために，行動やプロセス，パフォーマンスを通じて自らの能力（知識やスキル）を活用すること」 ※「モノを伴うサービス」と「モノを伴わないサービス」とがある。	「顧客一人ひとりの Wants に対して，顧客と価値を創造し，付加価値を提供することによって応え，両者の Happy-Happy 関係，Win-Win 関係を築き，両者の Wellness と Wellbeing を高めること」 （金子）
	実務上の使用方法	目に見えない財・労働の提供。 （「奉仕」，「割引」などの意味にも，日本語では使用される。）	・「感情・感覚に訴えるサービス」（トンプソン 2007） ・「一対一の対面した係りにおいて，相手の要求を実現すべく一つひとつ手立てを進めて成し遂げていくこと」（山本・加藤，2006）
	経営学上の定義	・（狭義）「効用や満足の提供プロセス」における「効用や満足を提供する側面」（徳江，2014） ・（広義）「効用や満足の提供プロセス」及び「その結果としてのベネフィット」の両方（渡邉，2015）	・（広義）「サービスの提供プロセス」における「人間関係の側面」（徳江，2014） ・（狭義）「不確実な状況下の，提供プロセス」における「サービス提供者と客との関係性のマネジメント」（徳江，2022）
	両者の関係性	ホスピタリティはサービスの特殊形あるいはサービスの一側面と捉えられることもあれば，サービスとは全く異なるものと捉えられることもある。 ホスピタリティは，「サービスの提供過程における，一般的サービスとは異なる特別なマネジメント」という考え方もある。	
	顧客との関係性	語源（英語 service ←ラテン語 servus「奴隷」）から，サービスは享受者（客）と提供者の間には上下・主従関係にあると言われることがあるが，現代社会においては役割の違いにすぎないと考えるべき。 また，日本では「お客様は神様」という経営方針・考え方もあるが，あくまでサービス提供者と利用者としての立場にすぎず，やはり両者は対等であるべき。	（人類愛・平等思想・人権に基づく対等性）
交換の性質		等価交換 （「モノ」の交換と同）	不等価交流 （商業的ホスピタリティの場合，最終的には利益に結び付けることが目指されるが，直接的に利益を求めるものではない。）
価　　値		・コンテンツ（内容） （誰が来ても同じ内容を提供） ・効率性，迅速性，正確性，機能性，合理性，標準化（均一性・画一性）	・コンテクスト（文脈） （その場の状況・文脈が重要） ・人間性，持続可能性，芸術性，個性化，多元性，倫理性，一人ひとりへの個別対応（personal）　（効率性とは無縁）

対応顧客数	1 対多 （誰が来ても同じ対応）	1 対 1 （人によって対応が異なる）
複雑性	シンプル	複雑かつ煩雑
無形性／ 非有形性 (Intangibility)	「サービスは，目に見えない」と言われる。ただし，サービスの提供プロセスは往々にして目に見えるため，提供方法や提供者のマナーも重要視される。	五感に訴えるもの （ホスピタリティも「目に見えないもの」と言われることがあるが，ホスピタリティは，五感に訴えるものであり，目でも鑑賞されるものである。）
不可分性／ 同時性 (Simultaneity)	「サービスは，生産と消費が同時」と言われる。ただし，厳密な意味では必ずしも生産と消費が同時ではない。例，旅行計画代行と実際の旅行，料理代行と実際の食事など。	効果（思い出・ベネフィット）として長期に残るもの。 たとえばホテルの場合，ホスピタリティは，ホテルの予約〜ホテル到着〜お帰りまでの全体の過程とされる。
変動性／ 非均一性 (Heterogeneity)	「サービスは提供する人により均一ではない」と言われるが，均一にするためマニュアルが存在する。ホスピタリティと比較した場合のサービスには均一性に求められることがある。近年サービスの提供は，均一なサービスが提供できるロボットに代替されてきている。	一人ひとりに対応して実現。
消滅性／ 非貯蔵性 (Perishability)	「サービスはその場で消滅する」と言われるが，サービスの結果は残り，残った結果は，サービスのベネフィットとしてサービスに含まれる。そのため，サービスの質が結果で評価される。（例，ヘアカットした後の髪型，各種トリートメント後の健康など）	ホスピタリティは良き思い出として残ることが重要視される。
人の重要性	人によってなされることが多い。 （実際には機械や AI 等でも代行可能なことが少なくない。）	人によってのみ提供されうる。 （人の温かさ，人のぬくもりなどが基本となるため，機械や AI 等では代替不可能。もちろん定義にもよるが，一般的には，機械や AI 等で代替したものは，ホスピタリティとは呼ばれない可能性が高い。）
提供者と客との価値の相互創造	「サービスは提供者と客との間で作り上げられる」ことが挙げられる（例，カウンセリングによる化粧，話し合いによるヘアスタイルの決定など）。（ただし，この性質は，サービスの基本的定義から逸脱する可能性があり，逆にホスピタリティの性質として議論したほうが良い可能性がある。）	ホスピタリティは，「提供者と客の間で作り上げられる価値の協働創造の過程」。
所有権の移動	所有権の移動が起こらない。 （当該サービスに伴って使用したモノの所有権は，自動的には移動しない。（例：運転代行サービスやレンタカーサービスで使用した車。））	所有権とは無関係

（性質）

目　　的	・相手のニーズ（それがないと困るもの。あるいは，ないと不満となるもの。）への応答による客の効用・満足。 ・利益獲得	・相手のワンツ（wants：一般的ニーズを超えた個人化された欲求。それがなくても困らない。あれば喜び（happiness, high-level wellness, well-being）となる。）への相互支援・価値共創・相互成長・相互満足。 ・顧客獲得やリピーターの創造
対応する事態	・既定の事態	・不足の事態，不確実性の状況 ・商業的ホスピタリティでは，非日常性の文脈における演出
マニュアルの重要度	マニュアルに則ることが重要視される	マニュアルを超える（ただし，行動基準は全社員・全関係者にわかりやすく共有されることが前提）
システムの開放性	その時・その場限りの閉鎖システム	時間，空間，世代を超える開放システム

(2) ホスピタリティマネジメント

　経営学においては，「ホスピタリティ」概念は，「ホスピタリティマネジメント」の中でよく活用されている。「ホスピタリティマネジメント」の意味は，主として次の4つに分けられよう。

　1) ホスピタリティ産業におけるマネジメント

　2) ホスピタリティ概念を活用した経営戦略

　3) ホスピタリティ概念を取り入れている経営方針

　4) ホスピタリティ概念を取り入れている組織内マネジメント

　以下において，これらの概念を説明する。

1) ホスピタリティ産業におけるマネジメント

　コーネル大学のホスピタリティ関連学部による説明によれば「ホスピタリティマネジメント」とは「ホスピタリティ産業におけるマネジメント」のことであり，具体的には，「戦略的思考，イノベーション，財務上及び取引上の即断，より良いサービス提供意欲を，ホスピタリティ産業のビジネスに適用すること」だという。なお，この場合のホスピタリティ産業のビジネスとは，飲食サービス業，旅行・観光業だけでなく，ホスピタリティ業界内の不動産・金融サービス・テクノロジーセクターをも網羅しているという。

2) ホスピタリティ概念を活用した経営戦略

　ホスピタリティ概念を活用した経営戦略とは，客対応における不確実な状況下での信頼関係の構築とそれによる価値の協働的創造のマネジメント自体をホスピタリティと呼び，そのようなホスピタリティの実践を活用して顧客によるロイヤルティ（愛着度・信頼度）を高め，リピーター客を増やすという戦略を指している。

　徳江 (2014) は,「ホスピタリティ」とは「行為」でも,おもてなしでも,上質のサービスでもなく,すでに紹介したように,「不確実性の高い環境における関係性のマネジメント」(p.28) と定義している。たとえば,回転ずし店のサービスは不確実性が高くないためサービス提供者と客との間に感動は生じ難いが,高級すし店でお任せで食事をすると不確実性が高いため,期待していなかったあるいは期待をはるかに超えるサービスが提供され,そこに人的な信頼関係が生じるとともに客は感動を覚えることがある。この関係性のマネジメントを,徳江 (2014) は「ホスピタリティ」と呼ぶ[5]。

3) ホスピタリティ概念を取り入れている経営方針・組織内マネジメント

　先に紹介した服部勝人氏の「ホスピタリティマネジメント」の定義は,次のようなものである。

　　組織 (営利・非営利を問わず) の事業目的を達成するために,生命の尊厳を前提とした相互性の原理に基づいてホスピタリティによる多元的共創を成立させることを条件として,分析,計画,遂行,統制の過程を組織的に統合する段階で,経済的交換だけでなく,相互人間価値を創造する経営 (服部 1996：118)。

　この定義による「ホスピタリティマネジメント」は,ホスピタリティ概念を取り入れている経営そのもの,あるいはそのような経営方針を意味していると解釈できよう。

　なお,ホスピタリティ概念を取り入れている経営方針・組織内マネジメントにおける「ホスピタリティ」は,主として「相互信頼に基づく協働的価値創造による互恵的関係」を指している。前者の「ホスピタリティ概念を取り入れている経営方針」は,主として顧客などに代表される外部と会社との関係に焦点があり,後者の「ホスピタリティ概念を取り入れている組織内マネジメント」は社内や部署内の従業員間の関係性に焦点がある。

4-4.　教育分野における「ホスピタリティ」

　教育分野においては,学術用語というよりは,慣用的な用法としての「ホスピタリティ」が使用されている。教育分野で使用されている「ホスピタリティ」という言葉は,個人が有する人格特性としての「他者を思いやれる個人の道徳性」を指していることもあれば,「利他的行為をすべきという社会全体の規範や倫理」を指している場合もある。教育での「ホスピタリティ」は,多くの場合,後者を土台とした前者の育成を対象としている。

注

1) 参考とした『オックスフォード単語由来辞典』では hospitalis を「もてなしのよい」としているが，hospitalis は「友好的に迎える」という意味であり，「もてなしのよい」という日本語とは若干意味が異なるため，本書では「友好的な」としている。本書のさまざまなところで言及するが，hospitality も，「他者を友好的に迎える」という意味であり，必ずしも飲食が伴うわけではなく（伴うほうが一般的ではあるが），「もてなし」そのものとは若干意味が異なることに注意が必要である。

2) 『オデュッセイア』とは，イタケーの王であったオデュッセウスのトロイアからの帰還物語を歌った 12,110 行，24 巻からなる長編の叙事詩である。

3) ホスピタリティ研究において，hospitality の中には「敵」という意味が含まれていることがしばしば指摘される。この説は大変魅力的な解釈ではあるが，バンヴェニスト（1969）の研究によれば，hostis に「敵」の意味が付与されたのは，古代社会が国家として成立していく過程においてであり，また hostis の対応語の xénos（ギリシア語）や gasts（ゴート語）等には「敵」という意味は存在しないという。ほかの幾つかの語源辞典においても，「見知らぬ人」の意味の hostis は「軍」という意味となり，現在の英語の「大勢，群衆，軍，軍勢」を意味する host に変化したとされている。したがって，国家が成立していない古代社会に生まれた hospitālitātem（歓待の対格形）を直接の起源とする hospitality の中には（「主人」と「客」，及び「異人（他所者）」と「客」，の二つのセットの意味が含まれるものの）「敵」という意味は混入していないと考えるほうが妥当と思われる。ただし，見知らぬ他者を友人として迎え入れるという意味のある hospitality 制度においては，敵さえも迎え入れる覚悟が伴うと言えよう。

4) 「もてなし」には，「見知らぬ相手を友として迎え入れる」という意味をもつ hospitality の意味はないように思える。なお，その動詞の「もてなす」の意味としては，『広辞苑』（第 7 版）に次の 7 つが挙げられている。①とりなす。処遇する。②取り扱う。待遇する。③相手が喜ぶように気を配る。歓待する。ご馳走する。④面倒をみる。世話をする。⑤自分の身を処する。ふるまう。⑥取り上げて問題にする。もてはやす。⑦そぶりをする。見せかける。このうち，「見知らぬ相手を友として迎え入れる」に近いのは，「②相手が喜ぶように気を配る。歓待する。ご馳走する。」であるが，例を見ると「御前へ召され，…御引き出物を…もてなされ給ひありさま」「心づくしの料理でもてなす」など，「物を提供（饗応）する」の意味で使われており，饗応する以前の見知らぬ人の受入れに焦点のある hospitality とは似ていて非なるものと思われる。

5) マーケティング論における関係性のマネジメントと，関係性のマネジメントとしてのホスピタリティとの違いについて，徳江（2014：8）は，次のように説明している。「マーケティング論では，4P〔マーケティングにおいて具体的な戦術を決めるうえで活用する Product，Price，Place，Promotion〕を「統制可能要因」とすることからもうかがえる通り，確実な関係性のマネジメントを指向するのに対して，ホスピタリティマネジメントでは，不確実な関係においてこそ，二者間にはホスピタリティが存在するという前提こそが，すべてのコアになっている。」

🖋 発展学習（学修）🖋

1. 「ホスピタリティ」という言葉は，どのような文脈で使用するかによっても意味が異なる。自身の専門分野におけるホスピタリティの意味を特定してみよう。
2. 「ホスピタリティ概念を活用したマネジメント」としての「ホスピタリティマネジメント」の例を自身の専門分野でのサービス提供において幾つか挙げてみよう。

引用・参考文献

Aganben, Giorgio (1995) Homo sacer. Il potere sovrano e la nuda vita, Torino: Einaudi.（= 2003，ジョルジュ・アガンベン著，高桑和巳訳『ホモ・サケル―主権権力と剥き出しの生』以文社.）

Banveniste, Ĕmile (1969) *Le vocabulaire des institutions indo-européennes, 1. Economie, parenté, société*, Eds. De Minuit, Paris（= 1986，エミール・バンヴェニスト著，前田耕作監修，蔵持不三也，田口良司，渋谷利雄，鶴岡真弓，檜枝陽一郎，中村忠男共訳『インド＝ヨーロッパ諸制度語彙集Ⅰ（経済・親族・社会）』言叢社.）

Brotherton, B. and Wood, R.C. (2011) Hospitality and Hospitality Management, In Lashley, C. and Morrison, A.

(ed.), *In Search of Hospitality Theoretical Perspectives and Debates*, MA: Butterworth-Heinemann.

Derrida, Jacques（1997）'*De l'hospitalité,' Anne Dufourmatelle invite Jacues Derrida à répondre de l'hospitalité*, Paris, Calman-Lévy. coll.《Petite bibliothéque des idées》(＝ 2018，ジャック・デリダ著，廣瀬浩司訳『歓待について―パリ講義の記録』筑摩書房.)

Drucker, Perter, F.（1973＝1993）*Management: Tasks, responsibilities, practices*, Harper Business.

服部勝人（1994）『新概念としてのホスピタリティ・マネジメント』学術選書.

服部勝人（1996）『ホスピタリティ・マネジメント―ポスト・サービス社会の経営』丸善出版.

廣瀬浩司（2018）「訳者あとがき」ジャック・デリダ著・廣瀬浩司訳『歓待について―パリ講義の記録』筑摩書房.

飯嶋好彦（2021）「ホスピタリティ産業論へのアプローチ」飯嶋好彦・内田彩・黒崎文雄・佐々木茂・徳江順一郎・八木京子・安宅真由美・渡邉勝仁『ホスピタリティ産業論』創成社，1-9.

小松和彦「異人論―『異人』から『他者』へ」井上俊［編］『岩波講座 現代社会学〈3〉―他者・関係・コミュニケーション』岩波出版，175-200.

松岡昌幸（2019）「コミュニケーションの成立基盤に着目したホスピタリティの解釈―ホスピタブル・サービス（もてなし型サービス）の類型―」『多文化関係学』16，3-19.

ヌレンス，ギルス著・髙橋健訳（2007）『正統と異端　第二巻：テンプル騎士団とヨハネ騎士団』無頼出版.

新資本経済学会編，村瀬永育・山本哲士（2022）『おもてなしとホスピタリティ―サービスとのちがい』読書人.

徳江順一郎（2014）「ホスピタリティ産業とは？」徳江順一郎編著，長谷川恵一・吉岡勉『数字でとらえるホスピタリティ：会計＆ファイナンス』産業能率大学出版部，第 1 章，4-11。

徳江順一郎（2022）『ホスピタリティ・マネジメント（第 3 版）』同文館出版.

トンプソン，マルコム（2007）『日本が教えてくれるホスピタリティの神髄』祥伝社.

山泰幸・小松和彦編（2015）『異人論とは何か―ストレンジャーの時代を生きる』ミネルヴァ書房.

山本哲士・加藤鉱（2006）『トヨタ・レクサス惨敗―ホスピタリティとサービスを混同した重大な過ち』ビジネス社.

URL

コーネル大学ホスピタリティ関連学部による「ホスピタリティマネジメント」の説明　https://sha.cornell. edu/admissions-programs/undergraduate/careers/what-is-hospitality-management/（2023.08.29）.

St. Nicolaus Hospital に関する情報　https://en.bernkastel.de/things-to-do/things-to-see-in-bernkastel-kues/cusanus/st-nikolaus-hospital（bernkastel.de）(2023.08.29).

The International Journal of Hospitality の Aim& Scope　https://www.sciencedirect.com/journal/international-journal-of-hospitality-management/about/aims-and-scope　(2023.09.05).

渡邉聡（2015）「『製造業のサービス化』で事業成長を目指す（第 2 回あらためて「サービスとは何か」を考える）」（2015 年 7 月 16 日）https://www.jmac.co.jp/column/detail/watanabe_002.htm.（2023.06.13）.

辞典

Cambridge Academic Content Dictionary　https://dictionary.cambridge.org/dictionary/english/hospitality（2023.08.29）.

Cambridge Business English Dictionary　https://dictionary.cambridge.org/dictionary/english/hospitality（2023.08.29）.

Cambridge Advanced Learner's Dictionary and Thesaurus　https://dictionary.cambridge.org/dictionary/english/hospitality　(2023.08.29).

Collins Cobuild English Dictionary for Advanced Learners, 2001.

『研究社新英和大辞典』(第 5 版)，1990 年.

グリニス・チャントレル編；澤田治美監訳（2015）『オックスフォード単語由来辞典』創成社.

『広辞苑』(第 5 版)(2018).

Longman Dictionary of American English, 2000.

Merrian-Webster Dictionary　https://www.merriam-webster.com/　(2023.09.05).

日本オリンピック委員会の HP　https://www.joc.or.jp/column/olympic/history/001.html　(2023.09.09).

Oxford English Dictionary, 2nd. Ed., 1989.

Oxford Advanced Learner's Dictionary, 7th ed., 2005.

『世界大百科事典（第 2 版）』(平凡社の『世界大百科事典』のインターネット版) https://kotobank.jp/dictionary/sekaidaihyakka/　(2023.09.05).

高津春繁（1960）『ギリシア・ローマ神話辞典』岩波書店.

参考　ホスピタリティ概念の定義における主な研究アプローチ

	定義の根拠 （研究アプローチ）	「ホスピタリティ」 という用語の種類	定義上， 重要視するポイント	活用している 主な学問分野
1	語源・起源・古典など	一般用語 （歴史上の日常用語の慣用的使用方法）	・風習 ・社会的倫理	文化人類学，宗教学，哲学，対人関係論，言語学等
2	辞書	一般用語 （公約数的一般用語）	・日本語の辞書においては，個人的（ホスト側の）行為・精神 ・英語の辞書においては，風習（とくに個人的な実践とは限らない。）	多様な学問分野
3	慣用的な使用方法（様々な場面で使われるホスピタリティの意味の抽出）	一般用語 （現代における日常用語）	・相互性・関係性も重視されるが，基本的には個人的（ホスト側の）行為・精神・態度 ・社会的規範	教育学，看護学，対人関係論，ホスピタリティ産業実務論
4	主として自身の研究分野の先行研究から抽出または借用	一般用語の用法が学術的用語あるいは学術用語として使用されている場合もある。		多様な学問分野
5	特定の理念（とくに，より良い社会を築くための理念）から演繹または理念として創出	学術的用語 （一種の新概念としての創出・造語，とくに教育研究上の学術的用語として提唱）	・社会的規範性 ・社会的規範に基づく，行為・精神・態度	多様な学問分野 （教育学的。ただし，理念が先にありきとすると，非学問的となる危険性を孕む）
6	類似概念との比較	学術的用語 （一種の新概念としての創出・造語，教育研究上の学術的用語）	・概念間の差別化 （ただし，仮説による差別化は，非学術的な考察となってしまう危険性を孕む）	多様な学問分野，とくに経営学において「サービス」概念との比較研究が多く存在する
7	ホスピタリティ産業における実務上の活用方法から帰納（複数の物事や事例から共通点を見つけ，それらを統合して結論を導く方法⇔演繹）	一般用語，学術的用語，商業用語（経営・事業における戦略への活用を目的）	・顧客満足のための戦略としてのホスピタリティ産業における運営・実務上の有効性（事例に偏りがあると，自身が出している結論にも偏りが生じてしまう。）	経営学，ホスピタリティ産業論，ホスピタリティ経営学
8	主としてホスピタリティ事業に応用目的のために，操作概念として創出	学術用語，商業用語（経営・マネジメントへの活用を目的）	・マネジメント概念として経営学上・マネジメント上の有効性	経営学，ホスピタリティ産業論，ホスピタリティ経営学，ホスピタリティマネジメント論

第 2 章

ホスピタリティ研究の基礎（2）

👁 **本章のねらい** 👁

1. 聖書における「ホスピタリティ」の意味を説明できるようになる。
2. 「ホスピタリティ」の構成要素を説明できるようになる。
3. これから必要とされる新しい「ホスピタリティ」概念について自身の意見をもてるようになる。
4. 現代社会における「ホスピタリティ」の意義について自身の意見をもてるようになる。

キーワード：
フィロクセニア（philoxenia），リーダーシップ leadership，マネジメント management
ホスピタリティの構成要素，歓待

1. 聖書における「ホスピタリティ」

　キリスト教というと日本人にとっては西洋的な雰囲気があるが，『聖書』は中東，すなわち西アジアで生まれたものである。キリスト教で言う『旧約聖書』である『ユダヤ教聖書』の「士師記」第 19 章には，紀元前 8 世紀頃のイスラエルのギブアにおける不品行，暴力と社会の混迷した姿が描かれている。当時，西アジアでは他所から来た客を歓待するというホスピタリティが風習となっていたにもかかわらずそれを行わなかったために，歓待の文化を失わせる原因となったとされる事件が描かれている。

　1 世紀～ 2 世紀頃に成立したとされる『新約聖書』を通じて歓待制度が再び覚醒され，11 世紀～ 13 世紀にかけての中世の十字軍[1]等を経て，ヨーロッパでは歓待制度は確固たるものとなっていく。

　「ホスピタリティ」概念をより深く理解するためには，キリスト教におけるホスピタリティの概念を理解する必要がある。そこで，本節では，『新約聖書』における「ホスピタリティ」の意味を検討する。

1-1. 新約聖書における *φιλοξενία*（philoxenia：フィロクセニア）

　古代ギリシア時代には *ξένος*（xénos：クセノス）「客・異人・他所者」という言葉自体が，互酬性・平等性をその本質として持つ言葉として歓待制度を表す言葉であることを前章にて学んだ。ギリシア語で成立を見た『新約聖書』では，*ξένος* と，「友人，仲間，隣人，友愛」を意味

する *φίλος*（philos）（フィロス）との合成語である *φιλοξενία*（philoxenia：フィロクセニア：客・異人・他所者を友として迎えること）が "hospitality" の意味で使用されている。

　そこで本節においては，*φιλοξενία* とその動詞の活用形及び形容詞形が聖書においてどのような意味で使用されているかを検討することにより，聖書における「ホスピタリティ」概念とホスピタリティの能力とは何かを明らかとすることを目的とする。

1-2. 聖書における *φιλοξενία* の地位

　聖書においては，教会の監督 *ἐπίσκοπος*（epískopos：エピスコポス）（教会の指導的立場の者）になるための条件として，他者を歓待することができることが挙げられている箇所が複数ある。ここでは，テモテへの手紙一の第3章の第2節〜第5節にある「監督になるための条件」を見てみよう。

　なお，以下，聖書の日本語訳は新共同訳を参考にしている。ただし，第1章で検討したように「ホスピタリティ」は「もてなし」ではないため（無論ホスピタリティの行為の中に「もてなし」は含まれているが，ホスピタリティがホスピタリティであるための条件は「もてなし」ではなく，「友として歓迎して受け容れること」であるため），「もてなし」という日本語訳は「歓待」に直してある。文の最初に付いている番号は節番号。下線，太字共に筆者。下線は重要部分を表している。太字は *φιλοξενία* あるいはその動詞の活用形・形容詞が使用されている箇所を示している。

　　<u>2 だから，監督は，非のうちどころがなく，一人の妻の夫であり，節制し，分別があり，礼儀正しく，**客を歓待し**，よく教えることができなければなりません。</u> 3 また，酒におぼれず，乱暴でなく，寛容で，争いを好まず，金銭に執着せず，4 自分の家庭をよく治め，常に品位を保って子供たちを従順な者に育てている人でなければなりません。 5 自分の家庭を治めることを知らない者に，どうして神の教会の世話ができるでしょうか。

　一方，教会の奉仕者には，客を歓待する能力がその条件とはされていない。客を歓待することはすべての人に課された倫理でもあるように思われるが，キリスト教会における指導者にのみとくに求められた歓待の能力とは，具体的にはどのようなものなのであろうか。

1-3. 聖書における *φιλοξενία* の意味

（1）「見知らぬ者の無条件の受容」としての *φιλοξενία*

　新約聖書には *φιλοξενία* の動詞形が，「他所者を受け容れる」という意味で使用されている箇所が幾つかある。

　たとえば，使徒行伝録第28章第7節に，「さて，この場所の近くに，島の長官でプブリウス

という人の所有地があった。彼はわたしたちを<u>歓迎して</u>，三日間，手厚く歓待してくれた。」とある。ここでは，「受け容れた」（δέχτηκε = accepted）と訳せる語を新共同訳では「歓迎し」と訳している（下線部分）が，宿や食べ物の提供という実際のもてなしに先んじて，まだ出会っていない他者を「歓迎する」＝「喜んで迎える」ということが必要であることがわかる。すなわち，見知らぬ者の無条件の受容が求められているのである。

　また，ヨハネの手紙三の第1章第10節に，φιλοξενία の動詞の否定形が「受け容れない」という意味で使われている。

　ここでは，「歓待する」の否定形を使用することにより，ただ単に「歓待しない」と言っているのではなく，ただ単に自身が他者を受け容れないどころか，他者を受け容れようとする人たちを邪魔し，自らのテリトリーあるいはコミュニティである教会からそれらの人々を排除することまでする，ということを言っている。指導者になりたいのであれば指導者になるための条件である「歓待」の能力が備わっていなければならないにもかかわらず，ディオトレフェスは歓待の能力としての他者を受け容れようとする態度がそもそも備わっていないことが問われているのである。

　ヌーウェン（1976 ≒ Nouwen 1974）は，「もともとホスピタリティとは，見知らぬ人も敵としてではなく，友達となるために入ってこられるような場を作ること（p.27）」だと述べている。これは，「「見知らぬ者」を「友人」とする」という，「友人」と「見知らぬ者」の合成語のφιλοξενία の原義と言えよう。

　見知らぬ者である他所者あるいは自己と異なる人は，すべての者が敵とは言えないにしても，一般的には社会やその中の構成員にとって恐怖の対象となる。なぜなら他所者は，自分たちの土地，農作物，人など，その社会が有しているさまざまな資源の略奪，あるいは新しい病気の持ち込みなど，多くの危険性を有しているからである。現代と比して旅行が一般的ではなく，異なる所に住んでいる人たちが互いに交流することが稀であった時代においては，恐怖心を持たずに見知らぬ他所者を受け入れることは，ことさら難しかったであろう。しかし，見知らぬ者は，共同体に新しい文化や技術，血と知をもたらす恵みの神でもある。この世に神の平和な国を創り上げるだけでなく，自らの共同体を少なくとも持続可能なものとするには，見知らぬ者を友人として無条件に受け容れることこそがその土台となる。

　結論として，聖書における φιλοξενία とは，「食事や宿泊場所を提供する」こと以前の問題として，「見知らぬ者を無条件に受容すること」であり，それは，「見知らぬ者を友として受け容れる場所を用意すること」だと言えよう。

（2）「別の心を持つ者への傾聴」としての φιλοξενία

　マルコによる福音書第6章第11節では，「迎え入れる」という言葉を「耳を傾ける」という

言葉に言い換えている。「しかし，あなたがたを迎え入れず，あなたがたに耳を傾けようともしない所があったら，そこを出ていくとき，彼らへの証しとして足の裏の埃を払い落としなさい」と。

ここでは，「迎え入れない」と「耳を傾けようともしない」を並列しており，「受け容れてもらう」ことは「耳を傾けてもらう」ということであることがわかる。

また，ルカによる福音書の第10章に，イエスを家に迎え入れてもてなしをするために忙しくしているマルタよりも，イエスの足元に佇みイエスの言葉に耳を傾けている姉妹のマリアのほうをイエスが褒めたたえる場面がある。イエスが期待し価値をおく歓待とは，他所者をただ受け入れてもてなすことではなく，喜びをもって受け容れ，そして何よりも，客に耳を傾けることであった。

他者に受け容れてもらうということは，物理的な場所や食料を提供してもらうこと以上に，思いを聴いてもらうことであり，対話をすることであると言えよう。

結論として，聖書における *φιλοξενία* とは，ただの「もてなし」ではなく，「他者の真の受容」を意味しており，そして，その「他者の真の受容」の本質は，「その人のメッセージ（考えや思い）に耳を傾けること」にあると言えよう。そのことこそが，その人の存在に敬意を払うことになろう。

（3）「別の体を持つ者の痛みへの共感」としての *φιλοξενία*

ヘブル人への手紙の第13章には，第1節の「歓待することを忘れてはなりません」に続けて，第3節には，「自分も一緒に捕らわれているつもりで，牢に捕らわれている人たちを思いやり，また，自分も体を持って生きているのですから，虐待されている人たちのことを思いやりなさい」とある。

φιλοξενία は，さまざまな苦境にある者として，迫害者・旅人，牢に捕らわれている人，虐げられている人，肉体的苦痛にある人，精神的苦痛にある人などに対し，それぞれの境遇を自分のものとして思いやりをもって受け入れることを指しているとも言えよう。

すなわち，聖書における *φιλοξενία* とは，目の前にいる人に直接その人の声に耳を傾けるだけでなく，遠くにいる人のまだ届いていない声や遠近にかかわらず何らかの理由によりこちらに届けられていない声にも耳を傾けるとともに，その人とともにある者としてその人の痛みを自ら感じ取り，それを契機としてその人のためにできることをするという意志としての「他者の痛みへの共感」にあると言えよう。

（4）「必要とする者への自己の賜物の活用」としての *φιλοξενία*

ペトロの手紙一の第4章第9節〜第10節には，「9 不平を言うことなく，互いを歓待しなさ

い。 10 あなたがたはそれぞれ，賜物を授かっているのですから，神のさまざまな恵みの善い管理者として，その賜物を生かして互いに仕えなさい」とある。

　ペトロの手紙は，キリスト教徒に対する大迫害が始まったネロ皇帝の時代に小アジアのほうへ迫害されたキリスト教信者たちに励ましと勧めの言葉を伝えるために書かれたものだとされており，実際，ペトロの手紙一の宛先としては，「（イエス・キリストの使徒ペトロから，）ポントス，ガラテヤ，カパドキア，アジア，ビティニアの各地に離散して仮住まいをしている選ばれた人たちへ」となっている。しかし，ここでの φιλοξενία とは，ただ旅人をもてなすことではない。自らの持つものを神からの授かりものとして，その善き管理者として，他者のために生かし合うこと，を意味している。

　また，マタイ福音書第 10 章第 8 節〜第 10 節には，「8 病人をいやし，死者を生き返らせ，重い皮膚病を患っている人を清くし，悪霊を追い払いなさい。<u>ただで受けたのだから，ただで与えなさい。9 帯の中に金貨も銀貨も銅貨も入れて行ってはならない。10 旅には袋も二枚の下着も，履物も杖も持って行ってはならない。働く者が食べ物を受けるのは当然である</u>」とある。

　すなわち，たとえ人間世界において労働力やお金で得た物であっても，実は人間が持っているものはすべて神からただで与えられたものであるため，必要としている相手にただで与えるとともに，相手からも，自分が必要としているときにはただで与えられるのが当然だ，というのである。すなわち，神からの預かり物として自己の持っているものを互いの必要に応じて惜しみなく提供し合うことが「歓待」という意味だというのである。また，「〔神のために〕働く者が食べ物を受けるのは当然である」とし，ここではホスピタリティ制度がある程度確立していることを示唆している。

　すでに第 1 章にて紹介したように，バンヴェニスト（1969=1999：88）によると，客人歓待制度（hospitalité）は，「人が自ら享受した何がしかの役務に対する報酬の義務を果たすことによって他者と結ばれる」という考えに基づいているという。さらにバンヴェニスト（1969=1986：88）は，紀元前 1 世紀に活躍したヘロドトスの『歴史』などを引用し，「求められたときに与えないのは，人が〔受け取るよう〕求めたときに受け取らないこと以上に恥ずかしい振舞い^{ママ}」だったとし，客人歓待制度は義務的な互酬システムであったと主張する。しかも，ギリシア語においては，「贈与」が利害関係を伴わない「供与」であることは確かだという（バンヴェニスト 1969= 1986：91）。そして，そのような互酬関係にあるものこそ，「客」（xenos）だという（バンヴェニスト 1969=1986：94）。

　さらに，先に紹介したヨハネの手紙三の第 1 章第 5 節〜第 8 節に次のように書かれてある。

　　5 愛する者よ，あなたは，兄弟たち，それも，<u>よそから来た人たちのために誠意をもって</u>

尽くしています。6 彼らは教会であなたの愛を証しました。どうか，神に喜ばれるように，彼らを送り出してください。7 この人たちは，御名のために旅に出た人で，異邦人からは何ももらっていません。8 だから，わたしたちはこのような人たちを助けるべきです。そうすれば，真理のために共に働く者となるのです。

すなわち，「歓待する」とは，「他者から見捨てられた者や何も持っていない者のために，その者たちがそれぞれの使命を果たせるよう誠意をもって尽くす」ということであろう。そして，「誠意をもって尽くす」とは，「相手の身になり，相手のために私利私欲から離れて自分のできる最大限のことをする」という意味であろう。

なお，「神からの「賜物」（恩恵）をただで与える」ということについて，第266代ローマ教皇であるフランシスコ教皇は，「2019年「第27回世界病者の日」教皇メッセージ（2019.2.11）」（2018年11月25日発表）の中で「ささげ合う」という言葉を使用して，次のように述べている。

（前略）ささげ合うことは，単に贈り物をすることと同じではありません。自分自身を差し出してはじめてそう言えるのであって，単なる財産や物の受け渡しではありません。そこには自らをささげることが含まれており，きずなを結びたいという願いが伴っているからこそ，贈り物をすることとは異なるのです。このように，ささげ合うことは，何よりもまず互いに認め合うことであり，社会的きずなにとって不可欠な行いです。（後略）

「ささげ合う」ということは，「まず互いに認め合う」ということだと指摘している。そもそも，己がただで受けたものの最大のものは，己自身であると言えよう。神からただで人間に与えられた恩恵あるいは賜物とは自分自身であり，まず互いに認め合い，相手と絆を結びたいという願いを込めて自分自身をささげることこそ，恩恵あるいは賜物を活用することだと言っていると取れる。

結論として，φιλοξενία とは，ただ旅人をもてなすことではない。自分自身をはじめ自らの持つものを神からの預かりものとして，その善き管理者として，利害関係を伴わず，互いにささげ合い，生かし合うことであり，それは，互いを認め合うことを契機とすると言えよう。

(5)「旅の途上にある者への癒し」としての φιλοξενία

キリスト教布教の初期におけるキリスト教徒迫害の時期と重なり，布教の途にある者や迫害を逃れている者に対して何よりも生きる活力を取り戻し，新しい明日を生き自らの使命を遂行するための癒しを提供することが，キリスト教徒の第一の義務でもあったと想像することは難しくない。

　ヘブル人への手紙の第 13 章第 1 節〜第 2 節には，キリスト教徒の義務として，「1 兄弟と
していつも愛し合いなさい．　2 <u>旅人を歓待すること</u>を忘れてはいけません。そうすることで，
ある人たちは，気づかずに天使たちを歓待しました」とある。

　ヘブル人への手紙は，迫害下におけるキリスト教徒としての生活指針としてヘブル人へ使徒
パウロから出された書簡である。迫害下におけるキリスト教徒としての生活指針ということを
前提とせず，またとくに当該箇所の一文だけならば「いつも親切な行為をしなければなりま
せん」と一般論として読める当該箇所につき，新共同訳では，「旅人を歓待することを忘れて
はいけません」と訳している。原文にはない「旅人を」をわざわざ補っているのは，$\varphi\iota\lambda o\xi\varepsilon\nu\iota\alpha$
（philoxenia）の $\xi\varepsilon\nu o\varsigma$（xenos）（客・異人・他所者）が他所から来た人，すなわち旅人を意味する
とともに，初期キリスト教時代においては宣教のために故郷を離れた人や迫害で故郷を追われ
た者を意味し，これらの者を歓待することが，キリスト教徒としての重要な義務であったから
であろう。また，文脈からも，ここの $\varphi\iota\lambda o\xi\varepsilon\nu\iota\alpha$ は「旅人〔＝布教の途にある者〕を歓待する
こと」という意味だと考えることができる。

　なおペトロの手紙一の第 2 章第 11 節では，手紙の宛先の人々，すなわち迫害にある人々を，
「旅人」と呼んでいる。

　結局，すべての人間は自らの使命を携えて生きる旅人なのであり，歓待の対象となる。

　ヌーウェン（1976）は，聖書に書かれている接待の物語について，「接待する人は，客が持っ
てくる啓示を喜んで受け入れる態度を示しており，それが主客の役割を転倒しているように思
われます（p. 27）」と述べ，「客は，主人の生き方を取り入れるのではなく，自分の生き方を発
見するチャンスを与えられる（p.27）」と結論している。極めて適切な解釈だが，このヌーウェ
ン（1976）の解釈の後半部分にさらに次の文章を付け加えたい。「歓待することにより客が自分
の生き方を発見するチャンスを与えられるだけでなく，主人も，自分とは異質の他者である客
を受け入れることにより自身の生き方を発見するチャンスを与えられるということ」を。すな
わち，歓待とは，ここにおいては，主客両方への新しい命の注入である。

　結論として，聖書における $\varphi\iota\lambda o\xi\varepsilon\nu\iota\alpha$ とは，ただの「もてなし」ではなく，他者の生きる力
の再生あるいは生存への支援としての癒しであるとともに，歓待する側も歓待される側も，一
人ひとりが持つ使命を遂行する力が付与あるいは強化されることだと言えよう。

（6）「困難にある者への支援」としての $\varphi\iota\lambda o\xi\varepsilon\nu\iota\alpha$

　ローマ人への手紙第 12 章第 13 節に，他者の必要を満たすことにより人を歓待することにつ
いて述べられている。「<u>聖徒たちの必要をともに満たし，努めて人を歓待しなさい</u>」と。

　ここでは，「努めて人を歓待する」の手段が，「聖徒〔キリスト教徒〕たちの必要をともに満
たすこと」とされている。日本語における「サービス」と「ホスピタリティ」との違いについ

て，「サービスはニーズへの対応，ホスピタリティはニーズを超えたワンツへの対応」と言われることがあるが，聖書においては，困難にある者のニーズを満たす努力をすることが「歓待」だとしている。生存することそれ自体が難しい時代と，ただ単に生存すること以上の欲求を満たすことに重点がおかれる時代との違いかもしれない。だが，真のニーズとしての生命からの呼びかけへの適切な対応こそ，真の歓待と言えよう。

　もし自身が今それほどの困難にないとしたら，困難にある人が自分の困難を引き受けてくれている可能性が高い。たとえば，他所者は，他者に出会うために自ら他の地方へと出向いているのである。つまり，他所者が困難にあっているのは，自分に会うためでもある。また，たとえば，世界における物質や資源は一定なのにもかかわらず，誰かがそれをより多く所有していたとしたら，他の者はより少なくしか所有できない。

　だが，「困難にある」とは，泊まる場所がなかったり食べる物がなかったりすることだけを言うのではないだろう。人は，自分らしく生きられないとき，生きづらさを感じる。だとすれば，自分らしく生きられないとき，その人はまさしく困難にあるのである。したがって，困難にある人への支援とは，その人が生きたい生き方ができるよう物心両面において支援することと，誰もが生きやすい社会を創る努力をすることとも言えよう。

　結論として，聖書における $\varphi\iota\lambda o\xi\varepsilon\nu\iota\alpha$ とは，ただの「もてなし」ではなく，困難にある者のニーズへの応答として，その者の使命を遂行するにあたり必要としているものを提供することであり，そしてその者がそうありたい生き方ができるようになるための支援の提供である，と言えよう。

(7) 「危険にある者の庇護」としての $\varphi\iota\lambda o\xi\varepsilon\nu\iota\alpha$

　使徒行録第17章第7節に，直訳すると「泊まらせている」と訳せる箇所が，新共同訳では「かくまっている」と訳されている箇所がある。イエスを庇護している者たちを糾弾する場面である。

　ここでの，$\varphi\iota\lambda o\xi\varepsilon\nu\iota\alpha$ の動詞が，身の危険がある者を自らの身の危険も覚悟のうえ，平安に過ごせるよう自らの庇護の下においている，という意味に訳されている。

　ここでの，平安とは，何だろうか。

　コロサイ人への手紙の第3章第15節に，「キリストの平和が，あなたがたの心を支配するようにしなさい」という言葉が出て来る。また，テトスへの手紙の第1章第8節の監督の条件にも次のような言葉が出て来る。「それどころか，彼は親切で，善を愛し，慎重で，公正で，敬虔で，自分を支配しなければなりません」とある。

　平安とは，世の中が平安であること以前に，あるいは世の中が平安であるか否かとは関係なく，ここでは，「何事にも動じない信念に基づき，自身の心を支配する力」と置き換えること

ができるであろう。

　結論として，歓待とは，ただの「もてなし」を意味しているのではなく，自身の危険を覚悟の上に，客の平安を保障することを自らの責務と認識して尽力することを意味していると言えよう。そうすることにより，その場限りの安寧を得るのではなく，終わりなく続く平安としての永遠の命を客は得ることができ，主もそれにより永久の平安を得ることができるのである。

1-4.　結　論

　本節では，新約聖書において $\varphi\iota\lambda o\xi\varepsilon\nu\iota\alpha$ とその動詞の活用形や形容詞が使用されている箇所についてその意味を検討し，新約聖書における「歓待」の意味を確認することを目的とした。これにより，それらの言葉が少なくとも次の 7 つの意味で使用されていることを確認した。
　1)「見知らぬ者の無条件の受容」
　2)「別の心を持つ者の思いへの傾聴」
　3)「別の体を持つ者の痛みへの共感」
　4)「必要とする者への自己の賜物の活用」
　5)「旅の途上にある者への癒し」
　6)「困難にある者への支援」
　7)「危険にある者への庇護」
　すなわち，新約聖書において監督であるための条件としての「歓待」の能力とは，他者への「受容力」「傾聴力」「共感力」「奉仕力」「癒し力」「支援力」「庇護力」のことである。「歓待」が真にできるようになるためには，自分自身の受容，自分自身の思いへの傾聴，自分自身の持つ痛みへの自覚，賜物の自分自身への活用，自分自身の健康の確保，自分自身へのケア，自分自身の安全の確保といった，ある程度の自身の確立が前提となろう。すべての人を無条件に受容することにおいて，そのすべての人の中に自身さえも含まれていると考えるべきだからである。自身のことを本当に理解している者がいないとすれば，「見知らぬ者」や「他者」の中に自身さえも含まれていると言えるからである。

　歓待の行為は，社会を構成する一人ひとりのより生きやすい生の在り方，よりよい人間関係の在り方，そしてより持続可能な社会を実現するために，相互義務として存在していると言えよう。しかし，歓待を実践することにより，人は他者を歓待するだけでなく，自己を歓待することも同時に実現することになる。すなわち，他者を歓待する過程において，人は，自己と向き合い，自己の使命を認識し，自己の平安も確保できるようになるのである。その意味において，歓待の真の相互性は，行為の時間的ずれによる主客の役割交替を意味する相互性だけを意味しているのではなく，歓待の実践そのものの中に組み込まれている主客逆転の同時創発的な相互性なのではないだろうか。

　なお，本来，客を歓待するということは，すべての人に課された倫理でもあるように思われるが，とりわけキリスト教会における指導者に人を真に歓待できる能力が求められたということは，真の「歓待」とはだれでもが容易にできるものではないと考えられていたと理解できる。実際，本節で「歓待」の能力と導出された真の「受容力」「傾聴力」「共感力」「奉仕力」「癒し力」「支援力」「庇護力」といった能力が，多くの人に真の歓待を実践にするために十分に備わっていると考えることは，現実的ではないだろう。だからこそ，ホスピタリティ教育が求められていると言える。

2．「ホスピタリティ」の構成要素

　ここで，客人歓待制度としての"hospitality"と聖書における「ホスピタリティ」から，「ホスピタリティ」の構成要素を考えてみたい。

　「ホスピタリティ」の構成要素としては，表2.1に記したものが挙げられよう。

表2.1　ホスピタリティの構成要素

	構成要素	備　考
1	人類愛（人間の尊厳・平等性・対等性）	ホスピタリティの基盤
2	他者の無条件の受容（受容・傾聴・共感）	他者の無条件の受容とは，まずは自身の心の中に，他者の居場所を作ることであろう。その結果，相手への傾聴や共感もできるようになる。また，そのことにより，安全・安心・安堵を確保するとともに，自分らしくいられる場所を提供することができよう。
3	利他行為（奉仕，癒し，支援，庇護）の互酬性	利他行為による真の報酬とは，相手に貢献することよって，相手の喜びを自分の喜びとすることであろう。
4	価値共創，それによる相互満足	
5	信頼関係の構築	人間関係の土台かつホスピタリティマネジメントにおける基盤
6	相互成長	最終的な目的。ここでの幸福はwell-being（長期的な幸福）。
7	相互幸福	

3．新しい「ホスピタリティ」概念

　ここでは，これからの「ホスピタリティ」概念を考えてみたい。

（1）「新しい価値を創造することによって社会課題を対処するマネジメント」としてのホスピタリティ

　マネジメントとしてのホスピタリティとは，「両者の関係性から最大限の成果を生み出すこと」，あるいは「長期的な視野から限られた資源を活用することにより両者の関係性を持続可能なものとしながら，より適切な成果を生み出し続けるようにする任務」とも言い換えられよう。すると，ホスピタリティとは，新たな価値を生み出す関係性とそのような関係性を活用し

た継続的価値創造の営みと言える。

　グローバル化の進展とともに多くの国においても多文化社会が浸透してきているが，すべての人間は一人ひとり独自の価値・思考・嗜好・指向を有する独特な文化的存在だとすれば，「ホスピタリティ」とは，「価値観等の違いにより生じる対人関係・社会関係・国際関係における課題を新しい価値を生み出しながら対処するという関係性のマネジメント」だとも言えよう。

(2)「協働リーダーシップ的マネジメント」としてのホスピタリティ

　Gavin（2019：1）は，〔経営学においては，〕「"management" と "leadership" という用語がしばしば同じ意味で使用されている。実際，リーダーの仕事とマネジャーの仕事の間にはある程度重なる部分があるが，重要な違いもある」と指摘している。Harvard Business School におけるオンライン教材 *How to Become a More Effective Leader* によれば，Leadership と Management の違いは**表 2.2** のとおりである。

　複雑で変化が激しい現代において，複雑さへの対応を目的とする Management と変化への対応を目的とする Leadership の両方が求められていると考えられる。長期的で全体的な目標として何をすべきなのかという戦略をまず立て，その戦略から俯瞰して，物事を適切な状態にするためにはどのようにすべきなのかという戦術としての Management が求められ，一つの課題がある程度解決された段階においては再びとくに Leadership が求められる，とも言えるかもしれない。そのように，Leadership と Management とは，DNA のように螺旋階段状に互いに絡み合いながら進む一つの運動であるとも言える。

表 2.2　Leadership と Management の違い

	Leadership	Management
目　的	変化への対応	複雑さへの対応
重　点	・考えること ・変化とイノベーション ・適切なことを為すこと	・行うこと ・実行と遂行 ・物事を適切な状態にすること
業務手順／スキル	① ビジョンの作成 ② 関係者間の望ましい関係性の構築 ③ 動機付け・鼓舞 ④ 働きかけ	① プロジェクトの計画 ② 人々の組織化 ③ 進展と業務遂行状態の監視 ④ 課題解決
志向性	・未来 ・長期的観点	・現在 ・短期的観点
日常業務	・抽象的 ・戦略的	・具体的 ・戦術的
達成目標	・変化 ・新しさ ・効果 ・進展	・秩序 ・一貫性 ・効率 ・安定

（出所）Harvard Business School Online（2023）の p.5 の表 "Business Insight: Leadership vs. Management" を筆者翻訳。

　ホスピタリティが，このような関係性の発展を目指す両者間の運動であるのなら，ホスピタリティは協働リーダーシップ的マネジメントとして捉えることもできよう。

(3)「命を輝かせる支援関係」としてのホスピタリティ

　現代社会におけるホスピタリティ産業は，余暇時間の増大によって生じてきたものである。したがって，ホスピタリティ産業は，快適な時間をいかに提供するか，ということに焦点が当てられてきた。ホスピタリティ産業のもつこのような特徴に注目するなら，「人間に与えられた有限の時間をできる限り上質のものにすること」「そこでの，その人の「時間」＝「命」を輝かせる支援関係」をホスピタリティと呼ぶことができるのではないだろうか。

　それは，守られた安心できる空間の中で，その人のもつ尊厳と権利が最優先されながら，その人が自身とは異なる考えや視点を有する一人の独立した人間として大切にされるとともに，その人の持てる力とその人らしさを最大限に発揮できることを支援する，という両者間の試みである。

4．現代社会におけるホスピタリティの意義

　現代社会において，このような「ホスピタリティ」は極めて重要である。

　国連広報センターの国連創設 75 周年 Issue Briefs（さまざまな課題に関する国連の広報）(2020)によると，世界的に見ると戦死者の絶対数は 1946 年以来減少を続けている一方，紛争や暴力は増加傾向にあり，大半の紛争は政治的民兵や犯罪集団，国際テロ集団など非国家主体の間で生じているという。国連広報センターは，紛争を激化させる重大要素として，地域的緊張状態の未解決，法の支配の崩壊，国家機構の不在または私物化，不正な経済利益や気候変動によって助長される資源の希少化を挙げている。しかし，紛争を激化させる要因こそ，世界的規模における「ホスピタリティ」の失墜ではないだろうか。

　ホスピタリティは紀元前より他者を隣人として歓迎する制度として少なくとも西アジアから大西洋岸まで広がる広大な地域の伝統となっていたにもかかわらず，現代では，他所からやってきた「他者」を「私」の空間へ招き入れるという古典的なホスピタリティの掟が多くの地域で薄まりつつある。「ホスピタリティ」の復権こそが現在の紛争や暴力に歯止めをかける可能性がある。現代社会におけるホスピタリティの魅力の第一は，まさにこの点に存在すると言っても過言ではないだろう。

　また，それぞれの国の中でも，資本主義の行き過ぎにより持てる者と持たざる者との間に生じた経済格差がデジタルデバイドや 2020 年初頭から全世界を巻き込んだコロナ禍によってさらに増長され，人々の間の分断が進んでいる。これらの問題の解決の糸口として，規範としての価値観の相違を関係者間における価値の創造で乗り越える協働リーダーシップ的マネジメン

ト能力としての「ホスピタリティ」の育成が必要であろう。

　なお，本書は，他のホスピタリティ概念を排除するつもりはないだけではなく，多様なホスピタリティ概念の存在を好ましいとする。なぜなら，「ホスピタリティ」概念は，まだ学問的に合意が達成されたものではないとともに，現代社会を照らし，新しい社会を築き，思想を創造するための道標としての役割を期待されているからである。本書で登場する多様なホスピタリティ概念が，多面的に私たちの社会を照らし出してくれることを願っている。

✐　発展学習（学修）　✐
1.「ホスピタリティ産業」とは何か，自身で考え，調べてみよう。
2.「ホスピタリティ」の意義について自身の意見をまとめてみよう。

注

1)　十字軍とは，東ローマ帝国（ビザンツ帝国）の皇帝アレクシオス 1 世（在位 1081 年〜 1118 年）が大義名分として異教徒イスラム教国からの聖地エルサレムの奪還を要請したのを契機として，11 世紀〜 13 世紀にかけて編成された遠征軍である。

引用・参考文献

Benveniste, Émile (1969) *Le Vocabulaire des institutions indo-européennes*, 2 tomes, Paris, Minuit（ = 1999, エミール・バンヴェニスト著，前田耕作監修・蔵持不三也，田口良司，渋谷利雄，鶴岡真弓，檜枝陽一郎，中村忠男共訳『インド＝ヨーロッパ諸制度語彙集 1 経済・親族・社会』言叢社.)

カトリック中央協議会 (2019)「2019 年「第 27 回世界病者の日」教皇メッセージ (2019.2.11)」https://www.cbcj.catholic.jp/2019/01/28/18395/ (2021.08.21).

Harvard Business School Online (2023) *How to Become a More Effective Leader*, Harvard Business School.

荒井献・H.J. マルクス・渡部満監修 (2015)『ギリシア語新約聖書釈義辞典 I，II，III』教文館.

松本任弘監修 (1988)『新聖書語句辞典』いのちのことば社.

Nouen, Henri, J. M. (1974) *Hospitality*, TLD 22(= 1976, ヌーウェン，ヘンリ著，初見まり子訳 (1976)「歓待のすすめ—ホスピタリティとキリスト教」『神学ダイジェスト』26-29.)

小原琢 (2018)「アウグスティヌスにおけるカリタスとしての愛の意義」『天使大学紀要』18(2), 15-28.

URL

国連広報センター「紛争と暴力の新時代」https://www.unic.or.jp/activities/international_observances/ un75/issue-briefs/new-era-conflict-and-violence/ (2023.08.16).

日本聖書協会ウェブページ「聖女の言葉」https://www.bible.or.jp/read/vers search.html (2021.08.19)（このサイトにより『新共同訳版聖書』を閲覧）.

第 3 章

「ホスピタリティ産業」とは何か

◉ 本章のねらい ◉

1. 「産業」の意味を説明できるようになる。
2. 「製造業のサービス化」という現象と「サービスドミナントロジック」についてその内容を説明できるようになる。
3. 「ホスピタリティ産業」のさまざまな定義について説明できるようになる。

キーワード：
産業，産業分類，ペティ＝クラークの法則，第一次産業，第二次産業，第三次産業，製造業のサービス化，サービスドミナントロジック，ホスピタリティ産業

---

1. 「ホスピタリティ産業」と「サービス産業」

　「ホスピタリティ産業」とは，どのような産業を指すのであろうか。また，「ホスピタリティ産業」は，「サービス産業」とどのように異なるのであろうか。

　世界におけるホスピタリティ産業人材養成の最高峰とされる EHL ホスピタリティビジネススクールの HP には，「ホスピタリティ産業は，サービス産業の一部門である」と書いてある。その一方で，「海外でも通用する概念としては，サービスとホスピタリティが別の概念であるとともに，サービス産業とホスピタリティ産業とは異なる産業であるとの認識が重要である」と指摘する学者も存在する（徳江 2014：4）。では，どちらが正しく，どちらが間違っているのであろうか。

　両方とも間違いではない。目に見えるモノを生み出すことではなく，体験を提供するホスピタリティ産業はサービス産業の中に含まれると考えることは至極当然であろう。また，もし，日本において少なくない人々が考えるように，サービスの中でもとくに対人サービスに重きをなす産業をホスピタリティ産業と考えれば（この定義自体は，あまり学問的ではないと思うが），やはり当然サービス産業の中にホスピタリティ産業が含まれることになる。逆に，そもそもサービス産業とホスピタリティ産業そのものの定義が異なるため，たとえそれらが重なる部分が大きいとしても，異なる産業であることは自明でもある。また，経営学上の分析概念としての「サービス」と「ホスピタリティ」は異なるため，それをそのまま産業分類に適用して，「サービス」を主たる商品としている産業を「サービス産業」，「ホスピタリティ」を主たる商品としている産業を「ホスピタリティ産業」とすれば，「サービス産業」と「ホスピタリティ産業」

は異なることになる。

とくに日本の場合は，日本標準産業分類の中でも「ホスピタリティ産業」という分類が存在していないがために，それぞれの研究者が独自の視点でホスピタリティ産業を定義しているという現実がある。

では，「ホスピタリティ産業」をいったいどのように考えたらよいのだろうか。その答えを見つけるための基本的知識として，以下においては，産業とは何か，そして産業構造に関する古典的考え方と近年の動向や考え方についてまず考察する。

2．産業の変遷と日本標準産業分類

2-1．産業の意味と産業の変遷に関する考え方

まず，「産業」とは何か確認しておこう。

「産業」という言葉は，大きく2つの意味で使用されている。日本産業標準分類の説明の言葉を借りれば，一つは，「人々が生活するうえで必要とされるもの（財又はサービス）を生み出したり提供したりする経済活動」という意味である。もう一つは，そのような「経済活動の分類の単位」という意味である。

本章で使用する「産業」は，文脈によって異なるときもあるが，基本的に後者の「経済活動の分類」を指し，日本産業標準分類の説明の言葉を借りれば，「財又はサービスの生産と供給において類似した経済活動を統合したもの」であり，実際上は，「同種の経済活動を営む事業所の総合体」のことである。

一国の産業構造の変遷に関しては，「ペティ＝クラークの法則」[1]という極めて有名な古典的考え方がある。この法則は，イギリスの経済学者であるC.G.クラーク（Colin Grant Clark, 1905～1989）が提唱した「経済社会・産業社会の発展につれて，第一次産業から第二次産業，第二次から第三次産業へと就業人口の比率及び国民所得に占める比率の重点がシフトしていく」という経験法則である（三菱総合研究所編 2008：203）。クラークによる分類は，現在の日本の分類と若干異なるところがあるが，次のとおりである。

第一次産業：農業，林業，水産業など，狩猟，採集。
第二次産業：製造業，建設業など，工業生産，加工業。電気・ガス・水道業。
　　　　　　（日本の産業分類では，「電気・ガス・水道業」は第三次産業。）
第三次産業：情報通信業，金融業，運輸業，販売業，対人サービス業など，非物質的な生産業，配分業。

すなわち，第一次産業は，農業や林業などのように自然の資源から生産活動（狩猟，採集）をする産業であり，第二次産業は，資源を元にモノを製造もしくは加工する産業である。一方，この法則では第三次産業の定義が実質的な意味をもつものではなく，第一次及び第二次産業に

属さない産業のすべてを含むことになっている。つまり，ペティ＝クラーク法則における第三次産業は，一国の全産業における第一次産業と第二次産業を除いた残余概念として成立しているにすぎない。

しかしながら，現在では，日本産業標準分類の説明のところに指摘されているように，第三次産業は，日本国内だけでなく，世界的にも，① 余暇の増大，所得の増大による観光・レジャー産業の活性化，② 海外との交流の増大，③ 情報処理サービス，福祉・医療，教育，小売り，飲食サービスなど，国民生活に密着した分野での新たな展開を背景として生まれてきた，共通の固有な特質をもち，独自の発展可能性を有する産業分野と捉えられている。

日本の場合，全産業（分類不能の産業を除く）に占める第三次産業の就業者の割合は，総務省の労働力調査結果によると，1952 年の 31％，1972 年の 50％，1992 年の 60％，2009 年の 70％から 2022 年の 74％へと戦後急激に上昇している。とくに 2000 年代になって，第二次産業の花形産業であった建設業や第三次産業の花形であった金融業の割合が横ばいであるのに対し，「その他のサービス」が大幅に増加しているのが特徴である（図 3.1）。だが，ペティ＝クラークの法則とは若干異なり，2000 年代においては，名目産出額における第三次産業の割合は，業務支援サービス業と保健衛生・社会事業を除いては，すべて減少傾向となっている。

また，第二次産業においても，企業組織内でのサービス活動部門の比重が増大するなど，いわゆるサービス経済化が進行しており，サービスドミナントセオリー（すべての経済活動をサービスとみる考え方，後述）などの見方が打ち出されている。

2-2. 日本標準産業分類

ここで，日本における公的な産業分類である総務省の日本標準産業分類がどのようになっているのかを見てみよう。なお，日本標準産業分類は，あくまで「統計の結果を表示するための分類」であり，個々の企業が属する産業を認定するものではないとされている。

現在の日本標準産業分類（令和 5 (2023) 年 6 月改定，令和 6 (2024) 年 4 月 1 日施行）は，19 の大分類，96 の中分類，中分類からさらに分類される数多くの小・細分類からなっている。大分類は，表 3.1 のとおりである。

なお，たとえば現在，第二次産業に分類される富士通が，自社の余った工場で土を使わず水だけで野菜作りをし（第一次産業），それを流通している（第三次産業）。第三次産業に分類されるセブン＆アイホールディングスも農場において野菜作りをし（第一次産業），それを加工している（第二次産業）。このような傾向がさらに進めば，今後，第一次産業，第二次産業，第三次産業という分類は意味がなくなる可能性すら存在する。

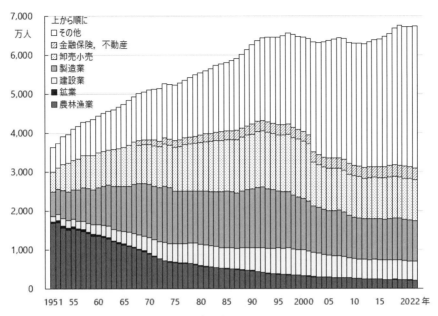

（出所）独立行政法人労働政策研究・研修機構（2023）図4-2。

図3.1　産業別就業者数の推移

表3.1　日本標準産業分類（令和5年6月改定）

	大分類	産業名	備考（その他の分類方法）	
1	A	農業，林業	第一次産業	
2	B	漁業		
3	C	鉱業，採石業，砂利採取業	第二次産業	
4	D	建設業		
5	E	製造業		
6	F	電気・ガス・熱供給・水道業	第三次産業 （≒サービス産業） ただし，総務省の「サービス動向調査においては，対象分野としてF，I，J，Q，Sが抜かれている。（色が塗られた産業が「サービス動向調査」において対象となっているサービス産業）	
7	G	情報通信業		
8	H	運輸業，郵便業		
9	I	卸売業，小売業		
10	J	金融業，保険業		
11	K	不動産業，物品賃貸業		
12	L	学術研究，専門・技術サービス業		
13	M	宿泊業，飲食サービス業		ホスピタリティ産業と分類可能か？
14	N	生活関連サービス業，娯楽業		
15	O	教育，学習支援業		
16	P	医療・福祉		
17	Q	複合サービス事業		
18	R	サービス業（他に分類されるないもの）		
19	S	公務（他に分類されるものを除く）		
20	T	分類不能の産業		

（出所）総務省産業分類表（2023）より作成。

3. 製造業のサービス化とサービスドミナントロジック

3-1. 製造業のサービス化

　以上において基本的な産業分類を紹介したが，近年話題となっているのは，「製造業のサービス化」である。「製造業のサービス化」とは，産業分類上第二次産業の「製造業」に位置づけられている企業の活動におけるサービス事業（第三次産業）の増大を指している。

　価値共創のステージでは，企業側の開発や製造活動を内部マネジメントするだけではなく，価値共創場面のマネジメントを考えていかなくてはならず，製造業においても価値創造のマネジメントとしてのホスピタリティマネジメントが不可欠となる。また，企業側から見た顧客接点管理だけでは不十分であり，顧客体験そのものの管理としてのホスピタリティマネジメントが重要となる。すると，ホスピタリティマネジメントは，サービス業の中のホスピタリティ産業におけるマネジメントを超えて，製造業や第一次産業においても今後ますます必要な価値創造のマネジメントとなると言えよう。

　価値共創の例として，渡邉（2016）は，テルモ（株）のメディカルプラネックスを挙げている。ここでは，病院等と同じ環境を再現した施設で医療従事者のトレーニングや商品開発のための取り組みが行われているという。医療現場目線でのモノづくりとトレーニングなどによる価値共創の同時実現ができていると言える，と渡邉（2016）は指摘している。

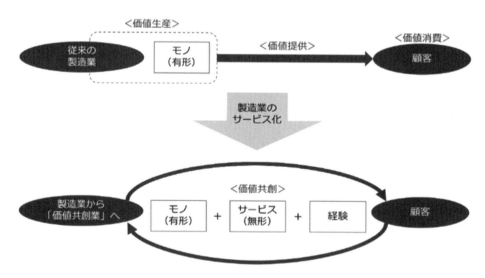

（出所）渡邉（2016）の図「製造業のサービス化の考え方」。
図3.2　製造業のサービス化の考え方

3-2. サービスドミナントロジック

　「サービスドミナントロジック（Service Dominant Logic：サービス中心フレームワーク）」とは，すべての経済活動をサービスと考えるものである。サービスドミナントロジックでは，モノ（有

形財）とサービシィーズ（無形財としてのサービス）を広義の「サービス」として包括的に捉え，プロセス（過程）としてのサービス（ナレッジとスキル）に着目し，モノは顧客に使用されて初めて価値（使用価値・経験価値）を生み出すものと考えられている。この考え方は，製造業のサービス化と状勢を一にして，マーケティング研究の推進者たちの間で優勢になってきたマーケティングにおける新しい考え方として Vargo & Lusch（2004）の中で紹介された。これまでのマーケティングの考えであったグッズドミナントロジック（Goods Dominant Logic：有形財中心フレームワーク）との違いは，表 3.2 のとおりである。

表 3.2　Goods Dominant Logic と Service Dominant Logic

	Goods Dominant Logic	Service Dominant Logic
経済活動	経済活動は，有形財（モノ）と無形財（サービス）のいずれかの交換から成る。	全ての経済活動はサービスから成る。
サービス	モノに対比される財	経済活動そのもの。他者あるいは自身の便益のために，行動やプロセス，パフォーマンスを通じて自らの能力（知識やスキル）を活用すること。「モノを伴うサービス」と「モノを伴わないサービス」とがある。
価　値	有形財に内在される。所有価値。	顧客と共に創造される。利用価値，体験価値。
顧　客	企業が作った商品に対して対価を支払い，消費する，企業活動の客体。「購入する人」「消費する人」	企業と共に価値創造の主体。「使用し，利用・体験価値を生み出す人」
購入行為	価値交換（所有権の移転）の完了	本格的体験の開始。ただし，多様な体験は購入前から開始され，購入後も継続される。
企業の目標	「交換価値」の最大化	顧客とともに「使用価値」の最大化
顧客の目標	所有し消費・使用すること	自身のライフスタイルにあった使用方法へと変化させること
注目する現象	静的取引（他の取引とはかかわりを持たず，1 回ごとに完結する取引）	動的な交換関係（顧客が製品やサービスを使う過程において，企業が行う活動や顧客が取る行動が価値を生み続けるという関係性）
注目する資源	処理対象となるもの（販売量等）（operand resources）	価値を生み出すもの（使い方等）（operant resources）
企業経営のベースとなる考え方	品質の高い商品が望ましい。	すべての経済活動は，価値創造のサービスとして見ることができる。顧客が製品やサービスを使う過程において，企業が行う活動や顧客が取る行動が価値を生み続ける。

　なお，今後の価値創造において，企業，従業員，顧客の三者のサービストライアングルのバランスが極めて重要とされている。なぜなら，サービスドミナントロジックでは，顧客の存在を製品価値の実現及び製品開発のために重要不可欠なパートナーであると考えられているからである。インターネットやSNSの普及により顧客が企業よりも多くの情報を持っていること，顧客自身が製品を実生活で使用しているがために製品のことを企業や従業員よりもよく知って

いることからである。

　しかし，今後は，顧客，企業，従業員，地域のサービスクアドアングルのバランスが極めて重要と言えよう。サービスクアドアングルの中で顧客やコミュニティはオペラントリソース（価値を生み出すあらゆる資源）を企業に提供し，企業やその従業員あるいはコミュニティはそれを活用して高品質なサービス提供を実現する，その多重方向的な影響の与えあいがこれからの真の「共創」を生んでいくと考えられよう。

４．ホスピタリティ産業の領域

　ホスピタリティ産業は，一般的な分類ではサービス産業に属するが，上で見たようにサービス産業そのものが流動的であるとともに，「ホスピタリティ産業」としての独自のアイデンティティを持ちつつある。では，「ホスピタリティ産業」はどのように定義づけられるのであろうか。

4-1．古典的定義──飲食，宿泊業（最狭義）

　ホスピタリティ産業の定義や領域を，辞書による「ホスピタリティ」の定義から意味づけることがある。すなわち，たとえば「「ホスピタリティ」とは日本語の辞書では「もてなし」「おもてなし」となっているから，「ホスピタリティ産業」は「もてなし産業」「おもてなし産業」であり，飲食，宿泊業を指す」などという説明である。だが，この方法は，定義づけの方向が本来あるべき姿と逆転しているように思われる。ヨーロッパにおける移動・旅・巡礼などの発生により，生存に必要な食糧・飲料そして宿泊場所の必要性から客人歓待の事業・産業が生まれたことから，客に食や宿を提供する事業・産業をホスピタリティ産業と呼ぶようになったと考えたほうが適切であろう。しかも，残念ながら，参照している辞書に書かれてあることがすべて正しいとは限らない，ということにも注意が必要である。

　このような歴史的背景から，とくに米国において"hospitality"（産業）とは，「宿泊や料飲サービスへのゲストへの饗応を主とする産業」といった考え方が強い。

　なお，この定義による「ホスピタリティ産業」とは，「飲食と宿泊を主軸として，それに関連する諸産業・事業を包含する産業」であり，実はそこではサービスだけでなく，飲食物という物の販売も大きな比重を占めており，米国では料理・飲料がホスピタリティ産業における最大の部門であり，アメリカ国内で消費される料理・飲料の約50％がホスピタリティ産業によって賄われているという（Novack 2017）。このように，ホスピタリティ産業は，プロセスを価値として提供する「サービス産業」とは本来は質的に異なる産業であることに注意が必要である。

4-2. 基本的定義——代表的な4産業

　ホスピタリティ産業は，サービス産業の中の大きな部分を占める産業であり，① 飲食（料理＆飲料），② 観光（旅行＆観光），③ 宿泊，④ レクリエーションの4つの主要な分野から成る（Novack 2017）。これらは，アメリカにおける代表的ホスピタリティ産業の4部門である。飲食産業以外の産業（上記②〜④）が指すものは，Novack (2017) の説明によると，次のとおりである。

　②観光（旅行＆観光）：人の移動を助けるものであり，さまざまな形態の交通運輸機関として
　　バス，タクシー，飛行機，電車，船や旅行代理店が含まれる。

　③宿泊：リゾートホテルからホステルまでさまざまな施設を含んでいる。

　④レクリエーション：スポーツ，ウェルネス，エンターテインメントなどのレジャー活動を
　　指す。

4-3. 教育対象からの定義——宿泊・飲食・旅行・給食・レクリエーション・イベント業等

　飯嶋 (2021) は，米国で出版されている多数の『ホスピタリティ概論』における「ホスピタリティ産業」の定義について分類を試みた。その結果，2010年以前までのホスピタリティ産業とそれ以降のホスピタリティ産業とでは異なることを見出した。すなわち，ホスピタリティ産業は，2010年以前では主として宿泊業と飲食業を指し，その補完として給食業や旅行業などに言及する事例が多かったのに対し，2010年以降は宿泊業と飲食業を超えて，旅行業（旅行代理店業，航空業，クルーズ業，鉄道・バス業など），給食業，レクリエーション・エンタテインメント業（ゲーミング，テーマパークなど），コンベンション・イベント業へと拡張されているという（飯嶋 2021: 17-18）。

4-4. 産業の特質から再定義——観光産業，健康産業，教育産業（広義）

　福永・鈴木 (1996) は，ホスピタリティ産業を，5つの特徴（①②選択性と代替性の高さ，③④必然性と緊急性の低さ，⑤ 感じの良し悪しが決め手となること）を有する産業であると述べ，米国では，観光産業（旅行，宿泊，飲食，余暇関連），健康産業（フィットネスクラブ他），教育産業の3つに該当すると指摘している。

　なお，この分類における教育産業には，小学校から中学，高校，大学のような公的なものは含まれない。経済産業省でも，教育産業分野として，学習塾・予備校，家庭教師派遣，幼児向け通信教育，学生向け通信教育，資格取得学校，資格検定試験，語学スクール・教室，企業向け研修サービス，学習参考書・問題集などを挙げている。また，健康産業にも，同じく経済産業省は，病院などの医療機関は含まれず，予防的措置に関する事業としてフィットネスクラブ，ダンスクラブ，運動スポーツセンター，水泳教室などが含まれるとしている。

4-5．接客サービスの重要性から定義

　近年，日本においては，ホスピタリティ産業を「対人サービスが重要な役割を果たす産業」とする傾向が増大している。

　確かに，サービス提供において，そこに存在するサービス提供者と客との間の関係性が重要である。しかし，そうだからといって，接客サービスが重要な役割を果たす産業がホスピタリティ産業と定義づけて良いのかは別問題である。近年では，一般にホスピタリティ産業と考えられていない産業や事業——たとえば，建築，設計，配達業務等々——においても，その事業の遂行のために接客サービスが重要な役割を果たすようになってきており，この定義を適用すると，すべての産業はホスピタリティ産業となりかねず，分類概念あるいは操作概念としての「ホスピタリティ産業」の定義が逆に不明確あるいは恣意的となってしまう，という危険性を孕んでいるとも言えよう。

　逆に，たとえば，ホテルでの受付やレストランでの配膳等の対人サービスが機械で置き換わる傾向がある現在，この定義によるホスピタリティ産業は近い将来目に見えて縮小する可能性もある。

4-6．これからのホスピタリティ産業の領域

　徳江（2021）は，未来のホスピタリティ産業として，旅行産業は，一部の大手などを除いて，単なる利用権の流通業者になってきつつあることを指摘している。そのため，「まったく否定的な見方をするつもりはないが，ホスピタリティ的要素〔飲食・宿泊など〕がコアのビジネスになることはあまり考えられないため，その点では交通や小売りなどと同様，〔「ホスピタリティ産業」ではなく〕「ホスピタリティも重要な産業」という位置づけになるのではないだろうか」と結論している。

　なお，旅行産業は，日本標準産業分類では「旅行業者」と「旅行代理業者」からなる。日本標準産業分類における「旅行業者」とは，旅行商品を企画・実施する事業者であり，「旅行代理業者」とは，旅行者と旅行契約を締結する代理人としての業務を行う。旅行代理店は旅行業者の商品を代理で販売する事業者である。

　これからの旅行産業に，顧客やコミュニティとともに，新しい観光のカタチを創造していく力やアレンジ力を期待したい。

　また，徳江（2021）は，教育産業について，「成果が未知数でありながら〔学修機会を〕購買する」という不確実性が存在するという点で，ホスピタリティ概念との整合性はあるものの，「旅あるいは飲食といった要素とは無縁であり，そうした点からもホスピタリティ産業と考えることには無理がある」（p.184）と指摘する。さらに，徳江（2021）は，学ぶという行為は，あくまで学ぶ側の主体性があって実効性が生じるものであるため，あまりにもお客様として持ち

上げすぎてしまうと，なるべく楽に，かつ早くそれを実現することがなによりも目的となってしまい，却って効果的ではない結果につながってしまうことからも，教育をホスピタリティ産業の枠組みに入れるのは適切ではないと主張する（p.184）。貴重な指摘である。

　確かに，コロナ禍において推進された遠隔授業においては，学生は2倍速で配信動画を視聴し，定められた事前・事後学修のみ形式的にこなし，どれだけ楽に早く課題を提出するか（「タイパ＝タイム・パフォーマンス」）に苦心したことが学生から報告されている。学生が自ら調べ，分析・考察し，判断できるように支援する方法を大学側・教員側が学生と一緒に考案する必要があろう。今後大学評価に，大学の運営・経営・教育にどれだけ学生が関わっているかという観点がこれまで以上に重要視されることが予想されている。そこでは，ただ学生の満足アンケートを行っていればよい，というのではなく，学生自身が主体的に大学教育や大学の運営や経営に参画していくことが求められている。このような関係性のマネジメント（ホスピタリティマネジメント）は，教育にこそ求められるものであろう。

　前章においては，ホスピタリティ産業のもつ，「時間の経済価値を高めるためのサービスを提供している」という特徴から，「とくにそこでの，その人の「時間」＝「命」を輝かせる支援とそのマネジメント」を「ホスピタリティ」と呼ぶことができるのではないかと提案した。とくにそこで過ごす時間を上質な時間として思い出深いものにすることが大切である。その思い出がその人の一生を通じてその人の糧となり，その人が亡くなるときに大切な思い出となって走馬灯のようにその人の脳裏を駆け巡り，「これで良かった」と自身の人生に納得感と満足感を覚えて安堵の中で旅立てることをも支援できることが期待される。

　そのようなホスピタリティは，文字通り食事や睡眠といったエネルギーを客に提供する飲食，宿泊，旅行だけでなく，文字通り命の蘇生，新しい命の誕生，治療後・術後あるいは退院後の新しい生活の支援を行う病院や，そこに所属しているときはもちろんのこと，生徒・学生が一生を通じて自身と向き合い，新しい自己と出会い，他者とともに自身を高め，確立していく営みを支援する学校・大学に典型的に存在している。この解釈から，ホスピタリティ産業に，福永・鈴木（1996）による，広義の観光産業（旅行，宿泊，飲食，余暇関連）のほかに，医療を含めた健康産業，幼稚園～大学を含めた教育産業をも包含する日が来ることを期待したい。

🖋 発展学習（学修）🖋

1. 自身の興味のある業界について調べてみよう。
2. 「製造業のサービス化」という現象と「サービスドミナントロジック」についてさらに調べてみよう。
3. 「ホスピタリティ産業」のうち一つの産業を選び，その概要を調べてみよう。

注

1) ペティ＝クラークの法則とは，イギリスの経済学者・統計学者である W. ペティ（William Petty, 1623 〜 87）の『政治算術』（1690）における「農業よりも工業のほうが利益が大きく，さらに進んで商業のほうが利益が大きい」という記述を元に，クラークが「ペティの法則」として『経済進歩の諸条件』（1940）において提示したと言われている。しかし，当該法則自体をペティ自身が明確に打ち出していたわけではないため，「クラークの法則」や「ペティ＝クラークの法則」とも呼ばれているものである。

引用・参考文献

Brotherton, B. & Wood, R.C. (2011) Hospitality and Hospitality Management, In Lashley, C. and Morrison, A. (ed.), *In Search of Hospitality: Theoretical Perspectives and Debates*, Routledge. (First published by Butterworth-Heinemann, 2000)

Gavin, Matt (2019) "Leadership vs. Management: What's the Difference ?"Harvard Business School Online's Business Insights　https://online.hbs.edu/blog/post/leadership-vs-management (2024.01.19).

Novak, Peter (2017) "What Are The 4 Segments Of The Hospitality Industry"　https://www.hospitalitynet. org/opinion/4082318.html　(2023.03.30).

Vargo, S. L., and Lusch, R. F. (2004) "Evolving to a New Dominant Logic for Marketing", *Journal of Marketing*, 68(1), 1-17.

飯嶋好彦 (2021)「ホスピタリティ産業の範囲」飯嶋好彦・内田彩・黒崎文雄・佐々木茂・徳江順一郎・八木京子・安宅真由美・渡邉勝仁『ホスピタリティ産業論』同文舘出版，所収，第 3 章，17-24.

三菱総合研究所編 (2008)『最新キーワードでわかる！日本経済入門』日本経済新聞社.

佐藤英樹・金田誠 (1998)「アメリカの大学におけるフードサービスを中心とするホスピタリティ教育」『日本家政学会誌』49(5), 708-718.

徳江順一郎 (2014)「ホスピタリティ産業とは？」徳江順一郎編著，長谷川恵一・吉岡勉『数字でとらえるホスピタリティ：会計＆ファイナンス』所収，第 1 章，4-11.

徳江順一郎 (2021)「未来のホスピタリティ産業」飯嶋好彦・内田彩・黒崎文雄・佐々木茂・徳江順一郎・八木京子・安宅真由美・渡邉勝仁『ホスピタリティ産業論』同文舘出版，182-189.

福永昭・鈴木豊編 (1996)『ホスピタリティ産業論』中央経済社.

URL

Ecole Hôtelière de Lausanne の HP 内，hospitality industry の説明　https://hospitalityinsights.ehl.edu/hospitality-industry (2023.09.09).

内閣府ホームページ「参考資料 3 生産（産業別 GDP 等）」https://www.esri.cao.go.jp/jp/sna/data/data_list/ kakuhou/files/2020/sankou/pdf/seisan_20211224.pdf (2023.09.09).

（独立行政法人）労働政策研究・研修機構 (2023)「図 4 産業別就業者数」https://www.jil.go.jp/kokunai/statisti cs/timeseries/html/g0204.html (2023.09.09).

総務省産業分類表　https://www.soumu.go.jp/main_content/000890407.pdf (2023.09.09).

渡邉聡 (2016)「「製造業のサービス化」で事業成長を目指す」日本能率協会コンサルティングコラム「第 1 回製造業のサービス化とは何か？」2016 年 6 月 1 日，https://www.jmac.co.jp/column/ detail/watanabe_001. html (2023.09.09).

第 4 章

ホスピタリティ産業の現状と未来（1）―飲食サービス産業

> 👁 **本章のねらい** 👁
>
> 1. 飲食産業の現状を説明できるようになる。
> 2. 飲食産業の課題を見つけられるようになる。
> 3. 飲食産業における新しいサービスの在り方を考えられるようになる。
>
> キーワード：
> 外食産業，外食，中食，内食，外食比率，外食率，食の外部化率，B to B, B to C,
> フードサービス，フードビジネス，Food & Beverage Industry,
> Food & Beverage Service Industry, フランチャイズ

1. 飲食サービス業と関連産業

　最初に使用する言葉の意味について説明しておく。「飲食サービス産業」は，日本の産業分類では，大分類において「宿泊，飲食サービス産業」に属する。なぜ「宿泊」と「飲食サービス」が一緒なのかというと，「宿泊業」そのものが「宿泊」と「飲食サービス」が合体している産業だからである。すなわち，宿泊業は，「一般公衆，特定の会員等に対して宿泊又は宿泊と食事を提供する事業所」の総体だからである。また，飲食サービス業は，「主として客の注文に応じ調理した飲食料品，その他の食料品又は飲料をその場所で飲食させる事業所並びに，客の注文に応じ調理した飲食料品をその場所で提供又は客の求める場所に届ける事業所及び客の求める場所において，調理した飲食料品を提供する事業所」の総体である。

　「飲食産業」には，最近は中食化による惣菜の購入，飲食店などのテイクアウトや宅配なども需要が高まっており（これらは正確には「飲食サービス業」ではなく，「小売業」に分類される），さまざまな業態が存在するようになってきている。本章では，「飲食産業」の大きな割合を占める外食産業を中心として「飲食サービス産業」[1]を概観する。

　なお，「外食産業」という言葉[2]は，外食産業が日本で本格化した1970年代における実態から「大型チェーン方式による飲食サービス業」，すなわち「ファストフードとファミリーレストラン」を指していたが，近年では，「飲食するスペースと食事を提供する飲食業全般」を指すのが一般的である。本章では，主として後者の広義の外食産業を扱う。

　なお，以下では，言葉の統一を敢えて図っておらず，一般的な使われ方に則るとともに，参照した資料が外国語の場合は原語を基本的に日本語に直訳している。

2．世界の飲食サービス産業

2-1．世界の飲食サービス産業の構成

表 4.1 は，飲食サービス産業の一般的な構成として，スイスの EHL ホスピタリティビジネススクールの HP に挙げられているものである。

表 4.1　飲食サービス産業の構成

(1) 営業給食	5) 飲料を主体とする店
1) Quick-service restaurants （≒ファストフード業態） ・ドライブスルー ・既製品の持ち帰り店 ・ファストフードレストラン	・バー[※1] ・パブ[※2] ・ナイトクラブ[※3] ・キャバレー[※4] (2) 非営利・施設給食 　他のサービスの追加として，または非営利の目的で，食品サービスや F&B 製品を提供するもの ・病院 ・学校
2) Limited service restaurants （限定サービスの食事提供場） ・セルフサービス ・テイクアウト ・フードトラック	・企業食堂 ・クルーズ船 ・空港その他交通ターミナル並びに輸送・運輸に伴う食事
3) Full-service restaurants （フルサービスのレストラン） ・高級レストラン ・ファミリーレストラン ・民族料理店 ・カジュアル・レストラン（食堂）	(3) 宿泊に伴う食事サービス ・ホテルのレストラン・バー ・ルーム・サービス
4) Catering & banqueting （ケイタリング・宴会） ・ケイタリング ・カンファレンス・センター ・結婚式場 ・イベントコーディネーター	(4) 自動販売機と食品自動サービス

(注) 以下は，日本における言葉の使用方法を説明している。
※1　バーとは，酒を静かに楽しむことを目的としている店。「カウンターを備えバーテンダーが酒を提供する店」の意味。
※2　パブとは，酒と食事で交流する場。「大勢の人が一緒になって酒を飲み交流する店」の意味。
※3　ナイトクラブとは，「風俗営業等の規制及び業務の適正化等に関する法律（風営法）」により，接待飲食等営業，1 号営業に分類され，「設備を設けて客にダンスをさせ，かつ，客に飲食をさせる営業」であり，キャバレーと異なり，席に付いて接待をするホステスはいない。社交係ではない女性を同伴できて，音楽やダンスを楽しめる夜間営業の社交場。
※4　キャバレーとは，「風俗営業等の規制及び業務の適正化等に関する法律（風営法）」により，接待飲食等営業，1 号営業に分類され，「キャバレー（ダンスホールや舞台）その他設備を設けて客にダンスをさせ，かつ，客の接待をして客に飲食をさせる営業」に当たるところ。実際には料金が時間制で大規模なショーを行う舞台及び接待係のホステスと客がダンスできるホールがある。
(出所) EHL の HP から作成。

2-2．世界の飲食サービス市場

世界の飲食市場は，近年ほぼ一貫して成長し続けている。

世界の飲食産業の市場は 2022 年現在約 3.4 兆米ドル（世界の総生産の 4％強）と推定されており，今後，年 6.4％の成長を続け，2030 年までに 5.1 兆米ドルに達すると予測されている（Global Industry Analysis 2023）。

2-3．アメリカの飲食サービス産業

アメリカのファストフード業界の生産高は過去 15 年間でほぼ倍増し，2022 年には推定総額 2,757 億ドルに達した（Statista 2023）。アメリカのフルサービスレストラン産業の生産高も，近年同様の成長を遂げ，2022 年には推定総額 765 億ドル以上に達した（同上）。アメリカの 2022 年度の GDP（25,462.7 億ドル（Trading Economics 2023））比では，ファストフードだけでその 11％，ファストフード以外のレストランだけで 3％ほどを占めていることになる。

また，2022 年にはアメリカのレストラン業界の従業員数は 1,250 万人に達している（Statista 2023）。これは，アメリカの労働人口（2020 年現在，約 1 億 7,000 万人（Worldbank 2023））のおよそ 7.35 ％となり，アメリカの労働者のおよそ 13 人に 1 人はレストラン業界で働いているという計算になる。

また，アメリカでは，州，人種，所得等により大きく違いがあるものの，4 分の 1 の人が週に数回外食をすると答えており（Wunsch 2022），外食率（食費に占める外食費の割合）は平均 50％を超えているという（Novak 2017）。

3.　日本の飲食サービス産業の歴史

日本の外食サービス産業の歴史は古い。最も古い茶屋は，平安時代の 1160 年の創業の通圓（京都）と言われている（通圓 HP）。また，社寺巡り等の人気に伴って茶を供応して休息させる茶店は中世末に出現し，江戸時代には飲食物を商う煮売茶屋・料理茶屋に発展していった。とくに江戸時代には，旅人をもてなすために街道の峠や立場（江戸時代，五街道やその脇街道に設けられた施設）などに茶屋や蕎麦屋[3]があったことが，歌川広重などの絵（図 4.1）や老舗の資料（図 4.2）などでも知られている。

しかし，日本の外食産業が活性化したのは，1969 年の飲食産業において外資率 100％が許可され，海外の外食産業が日本に上陸してからである。1970 年代以降，個人の食料費支出に占める外食費の比率（外食率）は，所得水準の相対的な向上，余暇時間の増加，とりわけ女性の

図 4.1　歌川広重画「木曽街道六十九次の内高崎」

図 4.2　1624 年開業された蕎麦屋の越前屋
（出所）越前屋そば店 HP。

労働人口の増加などを背景に増大してきた。外食産業の市場規模は 1979 年に総額 13 兆 2,400 億円に達し，自動車と家電の市場規模をそれぞれ上回った。

その後も外食産業は成長を続け，1997（平成 9）年の市場規模は 29 兆 6,778 億円に達した。それ以降はゆるやかに減少した後，ほぼ横ばい状態で推移している。

4．日本の飲食サービス産業の現状

4-1．日本の飲食サービス産業の構成

飲食産業は，飲食をサービスとして最終消費者に提供するさまざまな業態が含まれる。日本における外食産業の分類は，図4.3のとおりである。日本の外食産業の区分としては，まず「給食主体」か「料飲主体」かにより大きく 2 つに分けられる。さらに「給食」は「営業給食」と「集団給食」の 2 つに分けられる。レストラン・食堂などの店舗やホテル等での食事提供は「営業給食」と呼ばれ，学校・病院・介護施設などでの一斉給食は「集団給食」と呼ばれる。

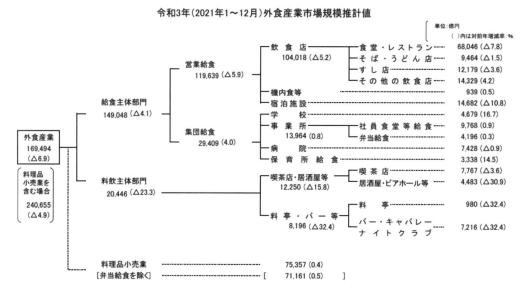

令和3年（2021年1〜12月）外食産業市場規模推計値

資料：（一社）日本フードサービス協会の推計による。
注　1）市場規模推計値には消費税を含む。
　　2）外食産業の分類は，基本的に「日本標準産業分類（総務省）」（平成14年改訂）に準じている。
　　3）産業分類の関係から，料理品小売業の中には，スーパー，百貨店等のテナントとして入店しているものの売上高は含まれるが，総合スーパー，百貨店が直接販売している売上高は含まれない。
　　4）四捨五入の関係で合計と内訳の計が一致しない場合がある。

（出所）日本フードサービス協会（2023）。

図4.3　日本の外食産業の構成

4-2．日本の飲食サービス産業の特徴

外食産業は，個人経営が総店舗数の約 4 分の 3 を占め，法人形態であっても資本金 1,000 万円未満のものが 4 分の 3 を占めるなど，中小・零細な事業者が多い（経済産業省 2022）。従業員

についても，約363万人の大きな雇用機会を創出している（2016年度）ものの，常勤雇用者に占めるパート，アルバイトの割合は，製造業が22％のところハンバーガー店は約92％など，飲食業界は非正規雇用率が極めて高いのが特徴である（表4.2）。

表4.2 常勤雇用者に占める正社員・正職員以外の割合（2016年）

（％）

製造業	22.0
卸・小売業	40.7
飲食店・宿泊業	58.8
一般飲食店	63.9
ハンバーガー店	91.6

（出所）経済産業省（2022）。

フードビジネス全体の中での外食産業の特徴を見てみよう。

日本におけるフードビジネス全体の約800万人のうちのおよそ半分は飲食店・飲食サービス業によって雇用されている（図4.4）。

だが，事業規模は，フードビジネス全体の7割は食料品流通業が占め，飲食店・飲食サービス業は12％にすぎない（図4.5）。これは，飲食店・飲食サービス業の生産性が極めて低いことを表している。

一方，事業所数は，飲食店・飲食サービス業が6割を占めている（図4.6）ことから，飲食店・飲食サービス業の1社あたりの収益も小さいことがわかる。

従業者数（2016年，千人）	
フード・ビジネス全体	8,013
■ 食料品工業	1,222
■ 食料品工業	3,165
食料品関連卸売業	632
食料品関連小売業	2,533
■ 飲食店，飲食サービス業	3,626

■ 食料品工業　■ 食料品流通業　■ 飲食店，飲食サービス業

（出所）経済産業省（2022）。

図4.4 フードビジネスの従業者数（2016年）

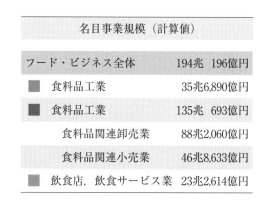

名目事業規模（計算値）	
フード・ビジネス全体	194兆 196億円
■ 食料品工業	35兆6,890億円
■ 食料品工業	135兆 693億円
食料品関連卸売業	88兆2,060億円
食料品関連小売業	46兆8,633億円
■ 飲食店，飲食サービス業	23兆2,614億円

■食料品工業　■食料品流通業　■飲食店，飲食サービス業

（出所）経済産業省（2022）。

図4.5　フードビジネスの事業規模（2021年）

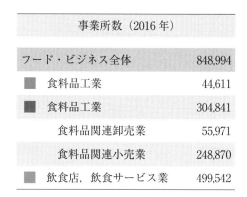

事業所数（2016年）	
フード・ビジネス全体	848,994
■ 食料品工業	44,611
■ 食料品工業	304,841
食料品関連卸売業	55,971
食料品関連小売業	248,870
■ 飲食店，飲食サービス業	499,542

■食料品工業　■食料品流通業　■飲食店，飲食サービス業

（出所）経済産業省（2022）。

図4.6　フードビジネスの事業所数（2016年）

4-3．日本の外食産業の市場規模

　外食産業全体の市場規模の推移は，図4.7のとおりである。平成9（1997）年の約29.1兆円をピークに平成24（2012）年の約23.2兆円まで下がり，その後，近年まで微増傾向にあった。

　しかし，この産業はとくにコロナ禍による外出制限等の影響を受け，令和2（2020）年に大幅に下落した。

　長時間滞在しないファストフード業態では，ドライブスルーやデリバリー部門での営業が伸び，2019年度を若干上回る市場規模となっているものの（2022年度は2019年度比109％），パブ・レストラン・バーなどの対面接待を重要な商品とする飲料主体業態では大幅な回復をしていな

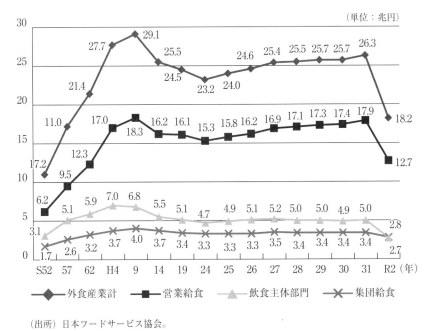

（出所）日本フードサービス協会。

図 4.7　日本の外食産業の市場規模の推移

い（2022 年度は 2019 年度比 65％）。

4-4．日本の「外食比率」「外食率」「食の外部化率」

　厚生労働省の 2019 年の「国民健康・栄養調査」の食習慣の改善に関わる調査結果によると，外食を週 1 回以上利用している人の割合は，男性 4 割，女性 4 人に一人の割合であり，若い世代ほどその割合が高い。週に 1 回というのが，20 代の男性以外，男女問わずどの年齢層でも最も多い。日本における外食比率（外食をする割合）については，別の調査では有職者と非有職者で大きく変わる結果となったものがあるが，国民全体では週に 1 回というのが平均的な頻度のようである。

　一方，中食（調理されたものを買ってきて家で食べる食事形態）については，同調査によると，持ち帰りの弁当・惣菜を週 1 回以上利用している人の割合は，男女とも約半数であり，20 〜50 歳代でその割合が高い。なお，同調査によると，配食サービスを週 1 回以上利用している人の割合は，男女ともわずか数パーセントであった。

　日本における「外食率」（全食費に占める外食費の割合）については，日本フードサービス協会によると，1998 年の 38.4％をピークに徐々に下がり，2018 年には 33.5％となっている（コロナ禍の 2021 年は 25.1％）（図 4.8）。一方，中食の上昇を受けた「食の外部化率」（全食費に占める外食と中食の割合。内食（家で素材から調理して食べること）の費用を除いた割合）は，コロナ前の2018 年には約 43％まで上昇している（コロナ禍の 2021 年は 25.7％）。

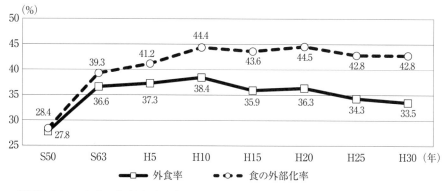

(出所) 日本フードサービス協会 (2023)。

図4.8　外食率と食の外部化率の推移

中食の上昇の背景として，この間の経済格差の増大，平均実質賃金の伸び悩み，他の必要経費（とくに通信費や医療福祉費）の上昇，ライフスタイル・価値観の変化などが存在すると言われている。

5．日本の外食産業界の動向

近年の日本の外食産業界は，限られた数のジャイアンツと無数の個人経営のレストラン・喫茶店等に分かれているのが特徴的である。ジャイアンツは，有力企業を子会社化することによりますます巨大化していっているものと，フランチャイズ[4]によって巨大化していっているものとに分かれる。

表4.3は，2022年～2023年において売上高が高かった日本の外食会社を10位まで売上高順に並べたものである。コロナ禍により営業利益には大幅な差があるものの，ゼンショー，マクドナルド，すかいらーく，くら寿司，ドトールなど，例年トップクラスに並ぶ外食会社が名を連ねている。

2023年4月にはハンバーガー大手のロッテリアがゼンショーホールディングスの傘下に入るなど，コロナ禍により，業態の多角化，商品の付加価値化，広告・店舗等の差別化，AIやロボットの導入等に力を入れていた度合いが明暗を分けた。

マクドナルドは，多くの年において世界のフランチャイズ企業の総合評価第1位となっている。全世界のマクドナルドの店舗は2022年に4万を超え，その売上は1,220億US＄，収益は232億US＄である（McDonald's Corporation Inovestor Overview）。2021年の世界全体のマクドナルドの店舗におけるフランチャイズ店は93％，資産におけるフランチャイズ店の所有率は89％であった（Supplemental Information Regarding% Franchises as of December 31, 2021）。なお，日本国内の約3,000店舗の運営は，アメリカ本社が直轄運営している「日本マクドナルドホールディングス」傘下の「日本マクドナルド株式会社」が行っている。

　今後，本産業は，さらなる安全化のためのさまざまな施策の開発・導入，配膳ロボットや配達ドローンの導入による生産性の向上，アミューズメント業界とのコラボによるアミューズメント化・テーマパーク化などによる新しい業態の開発が期待されよう。

表 4.3　売上高の高い外食会社の概要

順位	会社名 （主な事業内容）	売上高	営業利益	グループ店舗数	従業員数	備　考（注）
1	ゼンショーホールディングス	7,799 億 64 百万円（2023 年 3 月期）	217 億円（2023 年 3 月期）	10,283 店（2023 年 3 月末）	17,324 名（2023 年 3 月末）	ファストフード事業をメインに展開。有名な店舗を数多く抱えている（57 社。すき家，なか卵，ココスなど）。その他,海外に進出(21 社)。2023 年 4 月には，ロッテリアの全株式を買収し，ハンバーガー業態も初めて傘下に置いた。
2	日本マクドナルドホールディングス	3,523 億円（2022 年 12 月期）	33,807 百万円（2022 年 12 月期）	2,966 店（2023 年 9 月）	2,554 名（2022 年 12 月 31 日現在）	最大の特徴は，高い利益率。目玉商品の単価を下げると同時に，利益を確保するためにクロスセル商品と合わせて販売する戦略を取っている。 売上の半分以上がフランチャイズで構成されている。
3	すかいらーくホールディングス	3,037 億 05 百万（2022 年 12 月期）	△55 億 75 百万円（2022 年 12 月期）	国内 2,898 店 海外 75 店（2023 年 6 月 30 日）	正 社 員 5,756 名／クルー 90,950 名（2023 年 3 月 31 日）	主にファミリーレストランを経営。ガスト，バーミヤン，ジョナサン，しゃぶ葉などの有名ブランドを多数持っている。店舗型の経営をベースとしているブランドが多い傾向にあるため，コロナの影響を多大に受けた。
4	FOOD ＆ LIFE COMPANIES	2,813 億円（2022 年 9 月期）	101 億 23 百万円（2022 年 9 月期）	1,083 店（内 国内 スシロー：644，海外スシロー：87）（2022 年 9 月 30 日）	社 員 6,088 名／アルバイト等 21,961 名（2022 年 9 月 30 日）	スシロー，京樽などの寿司ブランドを多数持っている。コロナ禍で少々利益率を下げたが，デリバリーと相性が良い商品を扱っているため，コロナ禍でも利益を出し続けることができた。
5	コロワイド	2,208 億 30 百万円（2023 年 3 月期）	営業活動によるキャッシュフロー：287 億 83 百万円（2023 年 3 月期）	国内 2,245 店 海外 395 店	53,000 人（含,アルバイト）	それぞれ異なった 5 つの業態から構成されている。牛角，かっぱ寿司などブランドを有している。2,640 店舗中，直営 1,362 店舗／FC1,278 店舗（2023 年 3 月）
6	くら寿司	1,830 億円（2022 年 10 月期）	△11 億 13 百万円（2022 年 10 月期）	614 店（2022 年 10 月末現在，米国 40 店my台湾 48 店舗含む）	正社員 2,329 名（2022 年 10 月末現在）	「ビッくらポン！」（注文が 5 皿となる度に挑戦できるカプセルゲーム）などの遊び心を取り入れた施策で有名。鬼滅の刃，ポケモン，名探偵コナン，モーニング娘。，ダウンタウンなど有名なアニメやタレントなどとコラボすることが多い。
7	吉野家ホールディングス	1,680 億 99 百万円（2023 年 2 月期）	34 億 34 百万円（2023 年 2 月期）	2,726 店（海外が 3 割）（2023 年 2 月）	4,168 人，パート 17,145 人（2018 年）	アジアに大きく進出。国内店数はこの数年で 3 分の 2 へ激減。経常利益のマイナスが，純利益の目減りに比べ非常に小さい。
8	トリドールホールディングス	1,883 億 20 百万（2023 年 3 月期）	74 億 66 百万円（2023 年 3 月期）	1,886 店（丸亀 834 店，海外 822 店，その他 230 店）	5,795 人，パート：12,134 人（2023 年 3 月）	飲食業界の中でうどん市場を中心にブランド展開。有名なブランドとして丸亀製麺など。
9	サイゼリヤ	1,442 億円（2022 年 8 月期）	4 億 22 百万円（2022 年 8 月期）	国内 1,069 店，海外 478 店，計 1,547 店	正 社 員 2,107 人／準 社 員 7,370 人（2022 年 8 月）	低価格で上質なイタリア料理を提供。幅広いメニューを出すのではなく，大人気の商品を一つ作ることに専念。
10	ドトール・日レスホールディングス	1,268 億 64 百万円（2023 年 2 月期）	29 億 69 百万円（2023 年 2 月期）	不明	2,767 名（連結・2023 年 2 月末）平均臨時雇用者数：7,355 名	フランチャイズで幅広い展開をしている大人気のカフェブランド。

（注）ジョインアップ＆ Linklet の「OTOMOmagazine」の情報を各社の HP で確認したもの（2023.09.12）。

注

1) 飲食業界に関しては，類似する多様な言葉が飛び交っているため，若干説明しておく。外食を中心とする料理を作って提供することに関するサービスは，「飲食サービス」の他に「フードサービス」（英語では "Food & Beverage Service (Industry)"）とも呼ばれる。また，「フードビジネス」は，通常は，食品に関するすべての事業，すなわち食料品工業，食料品流通業，外食産業やその関連サービスをすべて含めたもののことを指しているが，飲食店のプロデュースを指していることもあるので注意が必要である。「食品飲料業界 Food & Beverage Industry」は，食品の生産（食料品工業）から流通（食料品流通業）までを指し，主として B to B（Business to Business）すなわち企業間取引の産業である。一方，「飲食産業 Food & Beverage Service Industry」は，B to C（Business to Consumer）すなわち企業側が最終消費者に対して提供する飲食のサービスを行っている産業を指している（ただし，近年では，すべての経済活動をサービスの観点から見ることが主流となりつつあるため，この区分も近い将来無くなる可能性がある）。なお，外食産業の対象は，一般的には集団給食（学校，病院など），営業給食（食堂，旅館など），料飲主体の外食（料亭，喫茶店など）を指すが，広義には，内食を対象とする宅配便やファストフードなども含めることがある。

2) 「外食」という言葉自体は，第二次世界大戦下の食糧統制の一環として米穀配給通帳制とともに 1941 年 4 月に外食券制が導入され，ちまたに外食券食堂の表示が見られるようになってからのことだという。第二次世界大戦後，60 年代の高度成長期に入ると，雇用増大などの要因もあって外食人口は急増していった。しかし，外食産業が現代における日本最大の産業となるきっかけを作ったのは，1970 年の大阪万博の開催を前にして 1969 年に飲食業が自由化 100%（外国資本 100% の企業の参入が許可された）業種に指定されたことによる外資の進出である。1970 年にケンタッキー・フライド・チキンが大阪万博に実験店を出店，翌 1971 年ミスタードーナツ（日本企業のダスキンによる経営）とマクドナルドが開業して以来脚光を浴び，それ以降，ドーナツ，フライドチキン，寿司，弁当などのファストフードがチェーン展開によって高い売上げを示した。同じころ，家族連れの客を対象にして，飲食物の調理を集中して行い，コストの削減やメニューの統一を図った大規模チェーン方式による郊外型ファミリーレストランも急成長した。このような状況を背景として，「外食産業」といえば，一般的にも，また学問の対象としても，ファストフードとファミリーレストランあるいは大型チェーン方式による飲食サービスを外食産業と呼ぶようになったのである。

3) 「日本で一番古い蕎麦屋」として知られるのは京都の「本家尾張屋」であり，室町時代の寛正 6（1465）年に創立されたという。ただし，本家尾張屋は当初は菓子屋として始まっており，蕎麦屋としての営業開始は江戸中期 1700 年頃と自社の HP で述べている（本家尾張屋 HP）。一方，長野県木曽郡にある越前屋は，寛永元年（1624 年）に創業している。越前屋は，現在わかっている限りで「日本で二番目に古い蕎麦屋」とされているが，蕎麦屋としては日本において一番古い可能性がある。越前屋では，当時からさまざまな旅人が宿場に立寄り，立場茶屋として栄えてきたという（越前屋 HP）。

4) フランチャイズとは，商標やロゴ，名称の使用や，本部が開発した経営ノウハウの利用，本部からの継続的な指導やバックアップを受ける代わりに，その対価として加盟金やロイヤルティ（売り上げに対する一定の割合もしくは定額）を支払って事業を行うビジネスシステムのことである。日本には現時点ではフランチャイズ関連法は存在していないが，コンビニや外食産業を中心として多くの業態がフランチャイズ形式で店舗を経営している。

フランチャイズチェーンに関する 2021 年度調査結果

	チェーン数		店舗数			売上高 （百万円）		
	チェーン数	増減	店舗数	増減	前年比(%)	売上高	増減	前年比(%)
総計	1,286	-22	250,288	-3,729	98.5	25,880,903	460,493	101.8
小売業	313	-9	105,750	-2,506	97.7	19,253,119	440,562	102.3
（うち CVS）	16	-1	57,544	-455	99.2	11,109,526	313,898	102.9
外食業	547	-11	51,877	-900	98.3	3,711,705	41,447	101.1
サービス業	426	-2	92,661	-323	99.7	2,916,079	-21,517	99.3

※店舗数は各チェーンの加盟店・直営店数の合計。売上高は加盟店・直営店の店舗末端売上高。
※ CVS= コンビニエンスストアの略。
※前年比の数値は小数点第 2 位を四捨五入して算出。
（出所）日本フランチャイズチェーン協会。

✎　発展学習（学修）　✎

1. 飲食サービス産業の中で気になる企業を取り上げ，どのような戦略を取っているのか調べてみよう。
2. 飲食サービス産業の課題を挙げ，その対策を考えてみよう。
3. 飲食サービス産業における新しいサービスの在り方を考えてみよう。

引用・参考文献

Global Industry Analysis（2023）*Food Service Industry: Global Strategic Business Report.*
白井斗京・髙根孝次（2021）「中食・外食市場の動向と課題」『ファイナンス』670，70-71.

URL

越前屋そば店の HP　http://www.echizenya-soba.jp/history.html#back_ point（2023.09.12）.
EHL Swiss School of Tourism and Hospitality の HP　https://ssth.ehl.edu/（2023.09.12）.
ドトール・日レスホールディングスの HP　http://www.dnh.co.jp/（2023.09.12）.
FOOD & LIFE COMPANIES の HP　https://www.food-and-life.co.jp/（2023.09.12）.
フランチャイズ LABO「世界のフランチャイズランキング TOP100 2020 年版」https://fc-review.com/2193/（2023.09.14）.
本家尾張屋の HP　https://honke-owariya.co.jp/（2023.09.13）.
ジョインアップ & Linklet「OTOMOmagazine」（https://otomo.join-up.co.jp/company/）（2023.09.12）
経済産業省　飲食関連産業の動向（FBI　2022 年）　https://www.meti.go.jp/statistics/toppage/report/archive/kako/20230714_1.html
コロワイドの HP　https://www.colowide.co.jp/（2023.09.12）
厚生労働省　国民健康・栄養調査（2019）　https://www.mhlw.go.jp/stf/seisakunitsuite/bunya/kenkou_iryou/kenkou/eiyou/r1-houkoku_00002.html
くら寿司の HP　https://www.kurasushi.co.jp/company/（2023.09.12）.
コトバンク　https://kotobank.jp/word/%E8%8C%B6%E5%B1%8B-566961（2023.09.15）.
日本フードサービス協会　令和 3 年　外食産業市場規模推計について　https://www.jfnet.or.jp/files/2021-1-1_1.pdf
日本フランチャイズチェーン協会　2022　2021 年度 JFA フランチャイズチェーン統計調査　https://www.jfa-fc.or.jp/folder/1/img/20221017133617.pdf
日本マクドナルドホールディングスの HP　https://www.mcd-holdings.co.jp/（2023.09.12）.
McDonald's Corporation（2023）McDonald's Corporation Inovestor Overview（https://corporate.mcdonalds.com/content/dam/sites/corp/nfl/pdf/shareholder%20Engagement%20Slides.pdf（2024.01.17））
McDonald's Corporation（2021）Supplemental Information Regarding% Franchised as of December 31, 2021（https://corporate.mcdonalds.com/content/dam/sites/corp/nfl/pdf/Supplemental%20Information%20Franchised%2012.31.21.pdf（2024.01.17））
すかいらーくホールディングスの HP　https://corp.skylark.co.jp/（2023.09.12）.
Statista（2023）（https://www.statista.com/topics/1135/us-restaurants/#topicOverview）（2023.09.12）.
サイゼリアの HP　https://www.saizeriya.co.jp/（2023.09.12）.
スープストックトーキョーの HP　https://www.soup-stock-tokyo.com/（2023.09.12）.
トリドール・ホールディングスの HP　https://www.toridoll.com/（2023.09.12）.
Trading Economics　https://tradingeconomics.com/united-states/gdp（2023.09.09）.
通圓 HP　http://www.tsuentea.com/about/index.html（2023.09.25）.
吉野家ホールディングスの HP　https://www.yoshinoya.com/company/（2023.09.12）.
Worldbank の HP　https://www.worldbank.org/en/home（20230909）.
ゼンショー・ホールディングスの HP　https://www.zensho.co.jp/jp/index.html（2023.09.12）.

第 5 章

ホスピタリティ産業の現状と未来（2）—観光産業

> ◉ 本章のねらい ◉
> 1. 「観光」とは何かを，自分の言葉で説明できるようになる。
> 2. 「ホスピタリティ産業」と「観光産業」との関係について，自分の言葉で説明できるようになる。
> 3. 世界の観光産業の市場の現状を他者に説明できるようになる。
> 4. 日本の観光・観光事業の概略を他者に説明できるようになる。
> 5. 日本の観光産業における新しいサービスの在り方を提案することができる。
> 6. 今後の観光政策の在り方について提言できるようになる。
>
> キーワード：
> 国連世界観光機構（UNWTO：United Nations World Tourism Organization)，観光産業 tourism（industry)，観光 tourism，旅行 travel，観光主体，観光客体，観光媒体，観光資源，兼観光，旅行・観光サテライト勘定 TSA（Tourism Satellite Account)，インバウンド，アウトバウンド，観光立国推進基本計画，観光地域づくり法人（DMO：Destination Marketing／Management Organization)，持続可能なツーリズム，ワーケーション，ブレジャー，オーバーツーリズム，リジェネレーション

1. 「観光」とは何か

1-1. 「観光」の定義

　日常用語で「観光」というと，辞書に載っている「名所・史跡などを見学すること」というような意味でよく使われている。だが，学問的には「観光」の定義は，世界的にも，また国内でも，研究者間で完全な合意がなされたとは言えない状況にある。「観光」へのまなざしは時代によって変遷しているうえ，「観光」の意味は，その言葉が使われる時代，場所，人，そしてその文脈によって異なっているからである。

　以下において，主として，「観光」を巡る，日本における公的な定義及び世界における公的な定義について検討する。

（1）日本における公的な定義

　1963 年に，日本において国の観光政策に関する初めての基本方針を示した観光基本法が制定された。しかし，この観光基本法及び観光関連法を含めて，法律には「観光」とは何かは，

明確には書かれていない。ただし，観光基本法に基づいて設置された観光政策審議会による答申のなかに観光への言及があるので，ここではその変遷を確認したい。

　1970 年に出された答申「観光の現代的意義とその方向」の中では，観光を「自己の自由時間（＝余暇）の中で，鑑賞，知識，体験，活動，休養，参加，精神の鼓舞等，生活の変化を求める人間の基本的欲求を充足するための行為（レクリエーション）のうち，日常生活圏を離れて異なった自然，文化等の環境のもとで行おうとする一連の行動」と定義している。ここでの観光とは，「観光する主体が行う，余暇時間での日常生活圏以外の環境におけるレクリエーション」である。

　1995 年の答申「今後の観光政策の基本的な方向について」の中では，観光の目的を①触れあい，②学び，③遊びの 3 つに絞るとともに，「触れあい」が入っていることが特徴的である。この「触れあい」には，自然や文化との触れあいも含まれているとも考えられるが，観光に関する現在の理解につながる「人との交流」の意味あいを含んでいる。

　2000 年の答申「21 世紀初頭における観光振興方策について」の中では，観光の定義は直接には書かれていないが，観光は，人々にとっても，また地域にとっても，さらには国民経済にとっても，さまざまな点で重要な意義を有していると述べられている。ここでの「観光」は，もちろん観光行動を中心としてはいるが，それは単に個人の活動に閉じられたものではなく，人々の間の現象であるとともに，地域や国をも巻き込んだ，観光事業，観光産業も含んだ概念と考えることもできる。

　2000 年度の『観光白書』には，「兼観光」という言葉が登場している。「兼観光」とは，「業務，家事・帰省のついでに，1 泊以上付け加えて観光を行った場合」とのことで，現在の「ブレジャー」（ビジネス Business とレジャー Leisure を兼ねた出張）のさきがけとなっている。

　2015 年の答申「今後の観光政策の基本的な方向について」においては，「観光」における「旅」や「旅行」の部分が初めて強調された。これまでの「観光」の定義は，場所として「日常生活から離れて」としていたが，「旅」や「旅行」や「離れるまでの移動」については焦点が当てられてこなかった。ここでの観光活動は，日常から離れ，未知のさまざまな観光資源や新しい自分自身と出会うという「道程」を中心とするものと認識されている。この場合の「旅」とは，「旅行」が「空間的移動」を指すのに対して，単に空間的移動を指しているだけでなく，出会いや体験が重要視される「質的移動の過程」のことを指していると理解できる。

　なお，国土交通省の旅行に関する調査において，「宿泊旅行」「日帰り旅行」等の定義について 2017 年度まではその調査票に細かく定められていた。これが日本における旅行の公的定義として現在でも話題に上げられることがあるが，2018 年度以降の調査票には定義が書かれていない。「宿泊旅行」や「日帰り旅行」は旅行距離数に係るものではないため回答者に判断を委ねる方針から，敢えて定義を外したものと考えられる。

(2) 国連世界観光機構 (United Nations World Tourism Organization：UNWTO) による定義

　UNWTO の「観光用語集」(glossary tourism terms) の最初には，次のように記されている。「観光 tourism とは，個人的な目的あるいはビジネス／職業上の目的で通常の環境以外の国や場所に人々が移動することを伴う，社会的，文化的，経済的現象である」と。

　また，それに続いて次のような説明を付加している。「これらの人々は訪問者 (visitors)（旅行者 tourists もしくは日帰り旅行者 excursionists。居住者，非居住者にかかわらない）と呼ばれるが，観光は訪問者の活動と結びついているものであり，その活動には観光支出を発生させるものが含まれる。」

　前半部分は，観光に関する広義の定義である。それに対し，後半の説明部分は，旅行者（訪問者）の行動（観光行動），その中でも観光支出を伴う可能性のある観光行動，に焦点を当てた，狭義かつ統計上の定義への示唆と考えられる。

　UNWTO による観光の定義をその構成要素に着目して図に表してみると，**図 5.1** のようになる。

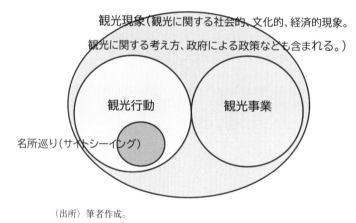

（出所）筆者作成。

図 5.1　「観光現象としての観光」の構成要素

Oxford English Dictionary: OED, 1989 の "tourism" の項には，次の 4 つの意味が掲げられている。

---

① 旅すること (touring) の理論と実践
② 楽しみのために旅行すること (travelling for pleasure)
③ 旅行者を惹きつけたり彼らに宿泊施設と娯楽を提供したりする事業
④ ツアー運営事業

　すなわち，OED によれば，英語の *tourism* は，① 観光学，② 物見遊山の旅行，③ 観光事業・観光産業，④ 旅行会社によるツアー運営事業，の 4 つの意味があるということになる。②の「物見遊山の旅行」という意味の *tourism* のところには，「元来は，通常，嘲笑的表現」という注が

ついている。"tourism" という言葉は，「かつて旅行は（旅行することそのものが大変な時代には）特別な目的（巡礼，業務，療養，その他生きるために必要不可欠な移動等）をもって実施されていたにもかかわらず，このような特別な目的がなくなった「ツーリズム：旅行（至上）主義：旅行のための旅行」となった」という，若干揶揄した表現として生まれた可能性があることを示唆している。

　一方 UNWTO は，観光統計上は，「tourist（旅行者）」を「普段生活している環境を離れ，訪問地での雇用を除き，1 年未満のビジネス，レジャー及びその他のあらゆる目的により訪問地で 1 泊以上滞在した旅行者（tourist）又は宿泊客（overnight visitors）」と定義している。これが UNWTO の観光の定義の土台として取り上げられることが少なくないが，これは，あくまで統計上の観光客の定義と認識するのが適切であろう。統計上の用語，学問上の用語，慣用的な用語のそれぞれの意味をないまぜにすることが言葉の意味の混乱の大きな原因であるので，注意したい。

　以上の多様な「観光」の定義をまとめると，表 5.1 のようになる。日本語の「観光」の意味は，慣用的用法では主として 3，4 であるが，日本観光士協会は 2 の意味で使用し，観光政策関係では 1 の意味で使用していることもある。表 5.1 の中の参考 1 はあくまで UNWTO の統計上の定義である。「観光」とは，日本では単なる「楽しみ」（娯楽，気晴らし，歓楽）以上に，名所巡りやその土地の風物との触れあいなどを指していることが少なくない。なお，英語の *tourism* は，先に述べたように，表 5.1 に挙げられているもの以外に，観光学，観光事業・観光産業，旅行会社によるツアー運営事業，を指すことがあることを再度付言しておく。

表 5.1　さまざまな「観光」の定義の代表例

	定義の広狭	観光の定義	内　容
1	最広義	「通常の環境以外の国や場所に人々が移動することに伴う，社会的，文化的，経済的現象」（UNWTO）	観光現象
2	広　義	「訪問者の観光行動」＋「企業・地方自治体等の観光事業」	観光行動と観光事業
3	狭　義	観光行動の全て：「名所巡り」＋「他所の土地での体験」（カヌー，登山，イベントへの参加，等）	観光客による観光行動
4	最狭義	「名所巡り」（sight-seeing）	
参考 1	UNWTO の統計上の定義	普段生活している環境から離れ，雇用を除く，一年未満のビジネス，レジャー及びその他のあらゆる目的で，訪問地で一泊以上滞在した観光客又は宿泊客による，その必然として観光支出を伴う可能性のある行動	観光支出と関係する訪問者による観光行動
参考 2	OED による "tourism" の定義	楽しみのための旅行（物見遊山）（その他に，tourism という言葉は，観光学，観光事業・観光産業，ツアー運営事業を指す言葉としても使用される。）	

（出所）筆者作成。

1-2．観光の要素

「観光」は，とくに観光政策の視点からは，①「観光客（＝観光主体）」，②「観光地や観光施設（＝観光客体）」，③「交通や観光情報（＝観光媒体）」の3つの要素から構成される。これらのさらなる構成要素は，**表5.2**を参照されたい。観光政策を立案する際には，あるべき未来を想定しながら，これらの要素を適切に組み合わせて最大の効果が出るよう計画を立てる必要がある。

表5.2　観光の要素

①【観光主体】	②【観光客体】	③【観光媒体】
1）一般旅行者	1）観光資源	1）交通手段
2）特別目的旅行者	①自然（自然の風景・山・海・湖・森林・気候・地形，温泉等）	①道路（自家用車）
1 Meeting（小規模研修・会議・集会）参加	②景観・街並み	②鉄道
2 Incentive（褒賞旅行）参加	③歴史・伝統（史跡，伝承，聖地）	③船
3 Convention（大規模会議・学会・研究会等）参加	④芸術・芸能（含，各種イベント，祭り）	④航空機
4 Exhibition & Event（展示会・イベント）参加	⑤産業・特産品	⑤バス
	⑥ホテル・旅館・民宿・キャンプ	⑥タクシー，その他
	⑦産業施設・商業施設	2）情報
	⑧会議・研修・展示会場	①受入れ地域のHP，SNS等
	⑨各種レジャー施設・公園	②各種関連図書・ガイブック
	⑩博物館・美術館・動植物園，等	③旅行者のブログ
	2）受入れ地域・関係者	④旅行会社のHP
	①市町村・コミュニティ	⑤旅行会社のパンフレット，チラシ，ポスター等
	②住民やボランティア団体等	⑥観光案内所

（出所）観光庁（2021）を参考に作成。

2．「ホスピタリティ産業」と「観光産業」との関係

さて，「ホスピタリティ産業」と「観光産業」との関係はどのようになっているのであろうか。

日本では，観光産業がホスピタリティ産業を包括するものと認識されていることが多い。一方，欧米では，日本での捉えられ方とは逆に，どちらかというとホスピタリティ産業の一種として扱われていることが少なくない。それは，欧米では観光業は"Tourism Industry"と呼ばれる以外に，しばしば"Travel and Tourism Industry"と呼ばれ，とくに米国では主として旅行を支援する各種交通業と旅行業（旅行代理店業）を指すとされることがよくあるからである。

　ホスピタリティ産業は，旅行者に限らず，そこで過ごす利用者の時間の経済的価値を高める
ものである一方，観光産業はあくまで旅行者を対象としてその移動を支援し，旅行中における
有意義な経験を提供するものであり，両者は，そもそもその対象とする者と支援する内容が異
なるものである。このように捉えると，ホスピタリティ産業と観光産業の関係は，どちらか一
方がもう一方の包含関係ではなく，**図 5.2** のようになろう。

　このような捉え方によると，交通産業は，それが人の移動を助けるだけならば，観光産業の
一種ではあるがホスピタリティ産業ではない。たとえば通勤や日常の移動に使用される近距離
交通は，ホスピタリティ産業とみなされることはほぼないであろう。逆に，長距離旅客車・船・
航空機は，その中で過ごす利用者の時間を有意義なものとすることが重要視されるため，交通
産業でありながら同時にホスピタリティ産業とも捉えられる。このように交通産業に含まれる
ものについても，観光産業なのかホスピタリティ産業なのかが曖昧である。

　その他，宿泊・飲食産業や文化サービス，スポーツ関連産業などについても同様のことが言
える。したがって，観光産業は，ホスピタリティ産業を包含するように一見見えるが，ホスピ
タリティ産業のすべてを包含しているわけではないことに注意が必要である。

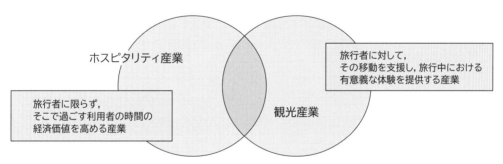

（出所）youichi@resort-jp.com（2018）の図より。

図 5.2　ホスピタリティ産業と観光産業の関係

3．世界の観光産業の市場

　国際観光客数は，2003 年から 2019 年まで順調に増加し，2019 年は 2003 年の倍の約 15 億人
となっていた（観光庁 2023b）。世界の人口が 2022 年に約 80 億人となったと推定されているた
め，単純計算ではおよそ世界の人口の 2 割が 1 年間に 1 回の国際観光をしていることになる。

　外国人旅行者受入れ数は，本書執筆時の 2023 年度はまだコロナの影響を受け，とくに日本
はアフターコロナへのシフトが他国より遅れたため 25 万人であったことを始め，順位が流動
的であったため，2019 年のランキングを参考までに挙げると，1 位フランス 8,932 万人，2 位
スペイン 8,351 万人，3 位アメリカ 7,926 万人であり，日本は 3,188 万人で 12 位であった。

　G7 各国の観光 GDP 比率は，フランス（2017 年）：7.2%，イタリア（2015 年）：6.0%，ドイツ（2015

年）：3.9％，英国（2018年）：3.8％，米国（2018年）：2.9％，カナダ（2017年）：2.1％，日本（2018年）：2.0％となっている（観光庁2021b）。観光GDP比率と外国人旅行者受入数とは正の相関関係が見られる。

2022年以降，観光分野における海外投資プロジェクト数と雇用創出率の両方が増加しており，投資件数では，2021年の286件の投資から2022年には352件へと23％増加した。2022年の観光分野における海外投資プロジェクトの主要な目的地は西ヨーロッパであり，合計推定額22億ドルで143の投資となっている（UNWTO）。

取扱額における旅行会社の世界ランキングは，第1位 Booking Holdings（1,213億ドル）や第2位 Expedia Group（951億ドル）などの OTA（Online Travel Agent）そのものが，他の旅行会社（第3位は American Express Global business Travel 230万億ドル）を大きく引き離している（Statista 2023）。

4．日本の観光産業の現状

4-1．関連産業従事者数

観光産業は，宿泊業，飲食業，さまざまな交通，スポーツ・娯楽業が部分的にその中に包含される。そのような観光産業全体の従事者数（正規・非正規を問わない）は，「（旅行）観光サテライト勘定」（TSA：Tourism Satellite Account）[1] によると2020年は約626万人であり，個々の産業が観光産業全体に占める割合は，TSAから計算すると**表5.3**のとおりである。観光産業に従事する従業員数（正規・非正規を問わない）は，日本における全労働人口6,827万人の9.2％を占めており，飲食業の従業者数が，観光産業全体の従事者数の約54％を占めている。

4-2．旅行事業者の現状

2021年現在，日本の旅行事業者数は約10,000社，従業者数は約9万人，売上（取扱）額は，

表5.3　各観光産業従事者数とその観光産業全体に占める割合

産　業	従業員数（万人）	観光産業全体に占める割合（％）	参考）雇用者数（万人）
宿泊業	60	9.6	56
飲食業	337	53.7	287
鉄道旅客輸送	27	4.3	27
道路旅客輸送	51	8.1	47
水　運	8	1.2	7
航空輸送	6	1.0	6
その他の運輸業	67	10.7	65
スポーツ・娯楽業	72	11.5	65
計	627	100	559

（注）「その他の運輸業」に旅行会社が入る。
（出所）観光庁 2020年の TSA，Table7 より作成。

約 10 億円である。事業者は，① 第 1 種旅行業，② 第 2 種旅行業，③ 第 3 種旅行業，④ 地域限定旅行業，⑤ 旅行業者代理業，⑥ 旅行サービス手配業 (ランドオペレーター：旅行会社の依頼を受け，旅行先のホテルやレストラン，ガイドやバス・鉄道などの手配・予約を専門に行う会社のこと。日本では，ツアーオペレーターともいう。) の 6 つに分かれる (表 5.4)。種別のそれぞれの内容は，この表の注を参照されたい。

表 5.5 は，日本の旅行会社を 2022 年の取扱額の大きい順に 21 位まで並べたものである。この表には，じゃらん (リクルート)，楽天トラベルなどの国内資本の OTA (Online Travel Agent) やエクスペディアやブッキングコムなど外資系 OTA が統計に含まれていないが，国内資本のじゃらんや楽天トラベルは国内 2，3 位程度と推定されている。

表 5.4　日本の旅行事業者数　　　　　　　　　　　　　　　　　　(社)

年	第 1 種旅行業者	第 2 種旅行業者	第 3 種旅行業者	地域限定旅行業者	旅行業者計	旅行業者代理業者	合計	旅行サービス手配業者	総計
2012	726	2,799	5,749	—	9,274	872	10,146	—	—
2013	701	2,869	5,738	—	9,308	837	10,145	—	—
2014	696	2,777	5,625	45	9,143	835	9,978	—	—
2015	697	2,776	5,524	77	9,074	810	9,884	—	—
2016	708	2,827	5,668	118	9,321	779	10,100	—	—
2017	704	2,914	5,789	144	9,551	750	10,301	—	—
2018	688	2,980	5,816	200	9,684	706	10,390	717	11,107
2019	691	3,022	5,803	267	9,783	675	10,458	1,102	11,560
2020	686	3,043	5,692	369	9,790	620	10,410	1,538	11,948
2021	670	3,036	5,451	453	9,610	564	10,174	1,714	11,888

(注) 第 1 種旅行業：海外・国内の企画旅行の企画・実施，海外旅行・国内旅行の手配及び他社の募集型企画旅行の代売を行うことができる。
　　　第 2 種旅行業：海外「募集型企画旅行」の企画・実施を除く旅行業務を行うことができる。
　　　第 3 種旅行業：「募集型企画旅行」の企画・実施を除く旅行業務を行うことができる (地域限定の国内募集型企画旅行のみ実施可)。
　　　地域限定旅行業：実施する区域を限定し，国内の企画旅行の企画・実施，手配旅行も同様の区域内の旅行業務を行うことができる。
　　　旅行業者代理業：上記旅行業者が委託する範囲の旅行業務を行うことができる。
　　　旅行サービス手配業：ランドオペレーター業務を行うことができる。
(出所) 観光庁 (2021a)。

4-3．日本人の国内旅行

日本人国内旅行延べ人数は，宿泊旅行も，日帰り旅行も，2012 年以降，ほぼ横ばいとなっている。2022 年の国内宿泊旅行者数は，2019 年比ではコロナ禍の影響により 25.4％の減少であったが，延べ人数で約 2 億 3,000 万人となり，新生児から高齢者までの日本人全員が平均 2 回国内宿泊旅行をした計算となる。同じく 2022 年の日帰り旅行延べ人数はおよそ 1 億 9,000 万人で，日本人全員が平均 1.5 回ほど日帰り旅行をしたことになる。

図 5.3 は，宿泊施設におけるニーズの変化を表したものである。近年，団体旅行が減少する一方，一人旅が増加している。そのため，大浴場や宴会施設等の団体旅行向け施設から，少人数・個人旅行者のニーズに対応した施設・サービスへの転換が宿泊業の経営課題となってい

表 5.5　国内の主要旅行会社の取扱額ランキング（2022 年度）

順位	会社名	取扱額（億円）	前年度比（％）
1	JTB	1 兆 2,116	174.5
2	KNT-CT ホールディングス	2,930	188.9
3	日本旅行	2,576	221.3
4	東武トップツアーズ	1,686	166.5
5	阪急交通社	1,545	313.4
6	HIS	1,468	476.7
7	JAL パック	1,174	238.7
8	ANA X	749	174.8
9	JR 東海ツアーズ	713	192.1
10	名鉄観光サービス	637	165.5
11	ビッグホリデー	274	216.1
12	日新航空サービス	250	388.1
13	エムオーツーリスト	239	426.5
14	HTB-BCD トラベル	208	272.0
15	郵船トラベル	186	437.3
16	農協観光	184	217.7
17	読売旅行	180	487.1
18	西鉄旅行	180	184.0
19	エヌオーイー	178	351.6
20	WILLER	173	243.1
21	JR 東日本びゅう	166	152.3

（注）日本人国内旅行客，日本人海外旅行客，外国人のインバウンド旅行客の総計。
　　　JTB，KNT-CT ホールディングス，HIS，阪急交通社はグループ会社を含めた合計額。
（出所）観光庁「主要旅行業者の旅行取扱状況速報各社別内訳（2022 年 4 月分～ 2023 年 3 月分）」から，取扱額の 1,000 万
　　　円以下を四捨五入して作成。

ると指摘されている。

　なお，日本人の国内観光支出の特徴は，TSA から見ると，外国人に比べて飲食の費用が抑えられていること，逆に主として土産物と思われる観光関連商品の財貨への消費が高いことである。

4-4．訪日外国人旅行客

　訪日外国人旅行客の数は，2013 年から 2019 年の 7 年間でおよそ 4 倍となっている。日本政府の資料には「政府と民間が一丸となって努力した結果」などと書いてあることをよく見かけるが（もちろんそのような要素もあるであろうが），これは，中国，韓国，台湾，香港，タイなどの近隣諸国の経済発展によるものが小さくないと考えられる。

　2021 年まで中国が訪日観光客の 3 割（959 万人）を占めていたが，2022 年には中国は約 5 ％（約10 万人）にすぎず，韓国（26.4 ％ 101.3 万人），ベトナム，フィリピン，インドネシア，マレーシア，

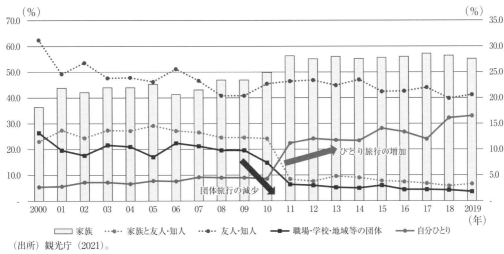

（出所）観光庁（2021）。

図 5.3　宿泊施設におけるニーズの変化

シンガポール，「その他の国」からの訪日旅行客の割合の伸びが相対的に目立っている。

訪日外国人旅行客の消費額は，2013 年から 2019 年の 7 年間で 3 倍以上となり，2019 年は約 4 兆 8,000 億円となっている。なお，TSA から見ると，訪日外国人旅行客は，宿泊と飲食にほぼ半分の経費を費やしているのが特徴的である。観光とは直接関係のない項目，たとえばリクリエーションやスポーツ等における費用の支出は高くない。

4-5．日本人の海外旅行

日本人の出国数は，2013 年から 2015 年までは微減傾向にあったが，その後，微増傾向に戻っている。

4-6．旅行・観光消費の生産波及効果

日本国内における旅行消費額は，日本人の国内宿泊旅行消費が約 6 割，日本人の国内日帰り旅行と訪日外国人旅行客による支出がほぼ 2 割ずつ，日本人の「海外旅行に関する国内での支出」が 4％程度である。

観光庁（2021）によると，2019 年の旅行・観光消費そのものは約 29 兆円であるが，新たな需要によって引き起こされた産業全体への効果を含めた額はおよそ 56 兆円となるという。また，2019 年の旅行・観光消費によって新たに需要された雇用は，456 万人という計算になっている。

また，観光庁（2021）は，定住人口 1 人当たりの年間消費額（130 万円）は，旅行者の消費に換算すると，外国人旅行者 8 人分，国内宿泊旅行者 23 人分，国内日帰り旅行者 75 人分に当たる，としている。いかに旅行者の消費額が高いかがわかる。とくに訪日外国人旅行消費額は日本からの主な製品別輸出額と比較しても非常に高い。

　コロナ禍においては旅行需要の減少・消失に直面し，これまでの旅行業で培った経営リソースやノウハウを活用した事業多角化の取り組みも見られた。アフターコロナの地域活性化と観光産業の方向性については，地域と住民と産業とが互いに連携することにより，観光地を核として地域活性化の好循環を創出することが期待されている。

5．日本における今後の観光政策の在り方

　世界経済フォーラム（World Economic Forum : WEF）が 2022 年 5 月に発表した「2021 年旅行・観光開発指標」において，日本は，世界 1 位を獲得した（世界平均 4.0 ポイントのところ，1 位の日本，2 位のアメリカ，3 位のスペインの 3 国とも 5.2 ポイント。4 位フランス，5 位ドイツの 2 国が 5.1 ポイント，6 位スイス，7 位オーストラリア，8 位英国，9 位シンガポールの 4 カ国が 5.0 ポイント，10 位イタリア 4.9 ポイント）。これは，世界 117 カ国を対象として，旅行・観光産業の持続可能でレジリエントな（復元力のある）成長を可能とする重要な要素を特定してその指数を計算したものであり，今後の旅行業の発展の可能性を評価したものである。

　JTB 総合研究所（2022）は，2019 年の旅行・観光競争力指標の結果と 2021 年の旅行・観光開発指標の結果を比べ（図 5.4），今後の日本が目指すべき方向性として，「気候変動への対応」指標に対する対策の必要性とともに，すでに高い評価をされている交通利便性や文化，また犯

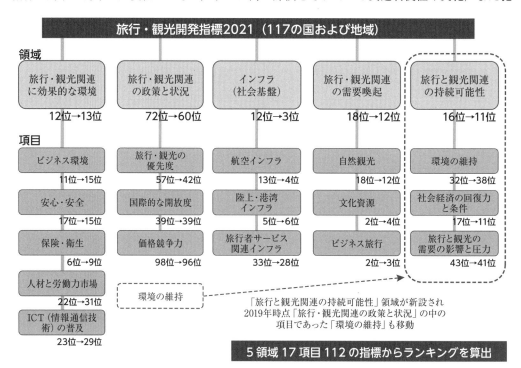

（注）World Economic Forum（The Travel & Tourism Development Index）より JTB 総合研究所作成。
　　　順位は再算定後の 2019 年順位と 2021 年順位の比較。
（出所）JTB 総合研究所（2022）。

図 5.4　旅行・観光競争力指数 2019 と旅行・観光開発指標 2021 の比較

罪率が低い点などを大切にし，「安心安全の旅行が可能な日本」というブランディングを伸ば
していくことが重要だと述べている。

　「持続可能な観光」とは，UNWTO では「訪問客，業界，環境及び訪問客を受け入れるコミュ
ニティのニーズに対応しつつ，現在及び将来の経済，社会，環境への影響を十分に考慮する観
光」と定義されているが，世界の旅行者の約 71％がサステナブルな旅行に関心があり，世界
的に「持続可能な観光」への関心が高まっている（観光庁 2023a）。ただ物見遊山に観光客が楽
しめばよいという観光ではなく，観光客自身が訪れた先の経済発展や世界全体の平和の促進に
寄与するような観光へと関心が高まっているということである。

　現在，観光は，グリーンツーリズム（農業ツーリズム，農村ツーリズム），文化ツーリズム，ビ
ジネスツーリズム，エコツーリズム，海岸ツーリズム，アドベンチャーツーリズム，都市ツー
リズム，ヘルスツーリズム，ウェルネスツーリズム等々，さまざまな形態のツーリズムが誕生
している。とくに世界的にアドベンチャーツーリズムが対象とする自然・アクティビティに対
する需要も高まりを見せており，世界のアドベンチャーツーリズム市場は，2018 年の 62 兆円
から 2026 年には 173 兆円まで大きく成長すると予測されている（観光庁 2023）。観光旅行者を
より長期に滞在させ，地方へ分散させることのできるこうした市場を巡り，コロナ禍からの回
復が早かった各国は熾烈な誘致競争を繰り広げている。

　今後は，自然を含めてさまざまなものの再生可能性（リジェネレーション）を活用・極大化し
ながら，世界全体の温暖化を食い止め，平和で住みやすい社会が実現するツーリズムの創造と
普及が期待されよう。

　ホスピタリティ学あるいは観光学等に携わる研究者や学生だけでなく，世界や自身の住まう
コミュニティに責任をもつ市民の一人ひとりが，観光の在り方を理解し，新しい観光（「観光」
に関する政策，制度，行動，態度等）を開発・創造することにより，私たちの美しい世界が観光
事業によってその美しさを保つような未来が創出されることを期待する。

注

1）「サテライト勘定」とは，ある特定の経済活動を経済分析目的や政策目的のために中枢体系の経済活動量と密
接な関係を保ちながら別勘定として推計する勘定。93SNA（1993 年に国連が加盟各国にその導入を勧告した国
民経済計算の体系の名称）において取入れられた。そのうち旅行・観光サテライト勘定は，世界観光機関が国
際基準『TSA Recommended Methodological Framework 2008』を示している。現在，フランス，カナダ，オー
ストラリア，ニュージーランド等において，TSA が導入され，観光政策に活用されている。

✐　発展学習（学修）　✐

1. 16 世紀末以降の西欧の特権階級の若者たちは，とくに大学卒業時に芸術と文化の経験を求めて西欧内を旅するというトレンドを生んだという。この慣習は，ローマ・カトリック教会の司教兼旅行作家であったリチャード・ラッセル（Richard Russel 1603 頃〜1668）が『イタリアの航海，またはイタリアを巡る完全な旅』（1670 年）で紹介した用語である「grand tour（仏：グランツール，英：グランドツアー）」として知られるようになったものである。世界における旅行・観光の歴史を調べてみよう。

2. 庶民の社寺参詣で重要かつ有名なのが，四国の「遍路（へんろ）」である。「遍路」の文字は中世末から江戸時代初めに用いられ始めたもので，それ以前は「辺路（邊路）」と書かれ，元々は僧たちが行っていた「海辺ノ廻（めぐり）」の修行を指していた。この「海辺ノ廻」の修行が四国の弘法大師（こうぼうだいし）（774 〜 835，平安時代初期の僧，空海のこと。）信仰と結合して，弘法大師空海の旧跡を巡る巡礼となった。なお，1 カ所の目的地を目指した往復型の巡礼とは異なり広く遍（あまね）く巡るため，「遍路」という文字を使うようになったと考えられる。この風習は現在全国に取り入れられているが，自分が住んでいる地域もしくは近くの遍路を調べてみよう。

3. 自分が住んでいる地域の街づくり政策を調べてみよう。

4. 3 の政策の課題を取り上げ，それに対する対策を考えてみよう。

5. 日本の観光政策の課題を挙げ，それに対する対策を考えてみよう。

6. 観光産業に新しいサービスの在り方を考えてみよう。

引用・参考文献

United Nations（2008）*International Recommendations for Tourism Statistics 2008.*

United Nations World Tourism Organization（2019）*UNWTO Tourism Definitions.*

青木義英・廣岡裕一・神田孝治編著（2011）『観光入門――観光の仕事・学習・研究をつなぐ』新曜社.

羽田耕治監修（2008）『地域振興と観光ビジネス』ジェイティービー能力開発.

石森秀三（1996）「観光革命と 20 世紀」石森秀三編『観光の 20 世紀』ドメス出版.

石森秀三（1997）「アジアにおける観光ビッグバン」『月刊観光』367: 6-7.

観光立国推進戦略会議（2009）「訪日外国人 2,000 万人時代の実現へ――もてなしの心によるあこがれの国づくり（第二の開国）――」平成 21 年 3 月 13 日.

森本慶太（2020）「近代スイス観光史研究の課題と展望――大衆化と観光業をめぐる試論――」關西大學文學論集, 70, 3, 73-91.

内閣総理大臣官房審議室（1960）『観光の現代的意義とその方向』大蔵省印刷局.

塩田正志（1974）「『観光』の概念と観光の歴史」鈴木忠義［編］『現代観光論』有斐閣.

白井義男（2010）『ツーリズム・ビジネスマネジメント――サービス・マネジメント・アプローチ』同友館。

新城常三（1971）『庶民と旅の歴史』日本放送出版協会（NHK ブックス）.

高岡文章（2019）「観光のつながりの社会学――もう一つの大衆観光について――」観光学評論 7(1), 37-49.

竹内正人・竹内利江・山田浩之（2018）『入門観光学』ミネルヴァ書房.

山下晋司編（2011）『観光学キーワード』有斐閣.

辞典

小稲義男編集代表（1980）『研究社新英和辞典』研究社.

日本国際観光学会監修・香川眞編（2007）『観光学大事典』木楽舎.

Oxford English Dictionary（1989）Oxford University Press..

URL

観光庁 (2021)「観光を取り巻く現状及び課題等について」https://www.mlit.go.jp/kankocho/iinkai/content/001461732.pdf（2023.09.29）.

観光庁 (2021a)「旅行・観光産業の経済効果に関する調査研究」 https://www.mlit.go.jp/kankocho/siryou/toukei/shouhidoukou.html（2023.09.29）.

観光庁 (2023)「観光立国推進基本計画」ttps://www.mlit.go.jp/kankocho/kankorikkoku/kihonkeikaku.html（2023.09.27）.

観光庁 (2023a)「令和 5 年版観光白書について（概要版）」ttps://www.mlit.go. jp/kankocho/content/001613735.pdf（2023.09.27）.

観光庁 (2023b)『観光白書（令和 5 年度版）』.

観光庁資料 https://www.mlit.go.jp/seisakutokatsu/soukou/ppg/ppg9/　kankou（2023.09.28）.

National Geographic（2021）「聖地巡礼ブームが花開かせた尊い美，ロマネスク建築とは」(2021 年 1 月 1 日記事) https://natgeo.nikkeibp.co.jp/atcl/　news/19/121900744/#　(20231010).

日本観光士協会「観光士とは」 http://www.jtcc.jp/kanko_joho/（2023.09.28）.

世界経済フォーラム (2022)「2021 年旅行・観光開発指数発表：旅行・観光産業における回復の兆しと，将来の逆風に備える必要性」(2022 年 5 月 24 日プレスリリース) https://jp.weforum.org/press/2022/05/jp-new-travel-and-tourism-study-shows-need-to-prepare-for-future-headwinds-as-sector-shows-signs-of-recovery（2023.09.28）.

Statista（2023）Leading travel companies by sales worldwide 2022 | Statista（2023.11.09）.

United Nations World Tourism Organization (UNWTO) の HP　https://www.unwto.org/（2023.09.27）.

UNWTO Glossary Tourism Terms（『観光用語集』）　https://www.unwto.org/glossary-tourism-terms（2023.10.25）.

UNWTO 観光統計上の用語の定義 https://unstats.un.org/unsd/publication/Seriesm/SeriesM_83rev1e.pdf（2023.10.28）.

JTB 総合研究所 (2022)「日本の魅力が世界 1 位に」 https://www.tourism.jp/tourism-database/figures/2022/06/travel-and-tourism-development-index/（2023.11.08）.

国土交通省　平成 16 年度　政策レビュー結果（評価書）訪日外国人観光客の受け入れの推進　https://www.mlit.go.jp/common/000043173.pdf

旅行会社研究所 (2023)「旅行会社ランキング」https://agent.tabiris.com/ranking.html（2023.11.08）.

三省堂フランス語教育歴史文法派 (2022)「第 34 回　旅することはつらいこと？：travail（仏）と travel（英）の語義の変遷」三省堂編集部によることばの壺 (2022 年 4 月 15 日) https://dictionary.sanseido-publ.co.jp/column/ghf34.

World Economic Forum（2022） https://www.weforum.org/reports/travel-and-tourism-development-index-2021(2023.09.28).

youichi@resort-jp（2018）「ホスピタリティ産業と観光産業の違い」 https://resort-jp.com/2018/03/11/deference_between_tourism_and_hospitality/（2023.09.29）.

参考　日本における観光事業・政策の歴史

年	出来事	備　考
1893 年 (明治 26)	○喜賓会（Welcome Society）（民間団体）設立。	・日本における観光事業の開始。 ・喜賓会は，渋沢栄一と益田孝が国際観光事業の必要性と有益性を唱え，日本で初めて外客誘致に取組むために設立されたもの。海外の要人を多数迎え入れ，各種旅行案内書の発行も行った。
1912 年 (明治 45)	○喜賓会に代るものとして，日本交通公社（現ジェイ・ティ・ビー）の前身「ジャパン・ツーリスト・ビューロー」創設。	・ジャパン・ツーリスト・ビューローは，鉄道省の主導のもと，外国人への鉄道院の委託乗車券の販売，海外での嘱託案内所の設置など，訪日外国人観光客の誘致を行った。
1930 年	○外貨獲得のための外客誘致事業を目的とした機関として「国際観光局」（The Board of Tourist Industry, Japan）設置。	・国際観光局は，当時の濱口雄幸首相が，元帝国ホテル副支配人で熱海ホテル経営者の岸衛（きしまもる）の働きかけを受けて設置。
1945 年〜 1964 年		・1964 年の東京オリンピック開催に向けて新幹線の建設を始め，外国人旅行客を受け入れるインフラが整備された。
1964 年	○観光目的の海外渡航自由化。	・国内は海外旅行ブームに盛り上がりを見せた。
1970 年	○大阪万博開催。 ・インバウンド（外国人旅行者受入数）85 万人のピーク。 ・1971 年以降，アウトバウンドがインバウンドを上回る。	以降は円高の影響もあって，インバウンドよりもアウトバウンドの市場が大きくなり，1995 年にはアウトバウンドが 1,530 万人，インバウンドは 335 万人となっている。
1987 年 (昭和 62年)	○ 9 月「テン・ミリオン計画」策定。 目標：日本人海外旅行者数（1986年 552 万人）をおおむね 5 年間で 1,000 万人に倍増する。	これまでの日本の国際観光政策は，外貨の獲得と国際間の相互理解とを二大目標としてきており，従来から一貫して外国人の誘致，受け入れを図るための政策（インバウンド政策）に重点が置かれてきたが，国民経済の成長と国際収支の黒字基調を受けて日本にとって外貨の獲得は至上の目標でなくなる一方，国際間の相互理解の増進あるいは特に経済貿易面での対外摩擦の緩和に資するといった目的に重点が移っていった。その潮流の中で，日本人海外旅行者数を増大させる必要性が高まってきた。 その結果として，1990 年に海外旅行者数は 1,100 万人に達し，テン・ミリオン計画は予定よりも一年早くその量的目標を達成するなど所期の成果を挙げた。
1991 年	○ 7 月「観光交流拡大計画（Two Way Tourism 21）」 目的：双方向の観光交流の拡大と海外旅行の質的向上を重点。	日本人海外旅行者数を倍増させることを達成したことで，国際収支の赤字を緩和させる目標はやや薄れ，国際間の相互理解の増進や市民レベルの国際交流の拡大を図り，日本の国際社会における安定的地位の維持・発展に努めることがますます重要と考えられるようになってきた。その後，円高の進行やアウトバウンド政策の推進により，日本人海外旅行者数は 1986 年に 500 万人台に達し，1990 年に 1,100 万人，1997年には史上最高の 1,680 万人となったが，1998 年には長引く景気の低迷等を背景とし，1,581 万人となった。
1994 年	○ 6 月「コンベンション法」制定。	目的：国際会議などの誘致の促進や開催の円滑化を図り，国際観光を振興する。
1995 年	○政府の観光政策審議会「今後の観光政策の基本的方向について」答申。	訪日外国人旅行者数は円高の影響から伸び悩み（200 〜 300 万人台で推移），海外旅行者数と訪日外国人旅行者数の格差が拡大。
1996 年	○「ウェルカムプラン 21（訪日観光交流倍増計画）」（1995 年の観光政策審議会の答申を受けて提言）	目的：それまで年間 350 万人前後で停滞していた訪日外国人観光客を，21 世紀初頭（概ね 2005 年）までに年間 700 万人に倍増させる。 以来，日本政府は外客誘致政策を推進しており，1997 年には初の 400万人台に到達。しかし，この「ウェルカムプラン 21」提言も日本の地域振興のために訪日観光振興を利用するという側面が強く，インバウンド自体を伸ばすという意識は乏しいのが実状であった。

1997 年	○「外国人観光旅客の来訪の促進等による国際観光の振興に関する法律」(通称：外客誘致法))制定。	目的：この法律は，外国人観光旅客の来訪を促進することが日本の経済社会の発展及び地域経済の活性化のために重要な課題であるとともに日本に対する理解の増進に資するものであること並びに国際観光旅客の往来を促進することが国際交流の拡大に資するものであることに鑑み，観光先進国の実現に向けた観光基盤の拡充及び強化を図るため，外国人観光旅客の来訪を促進するための措置及び国際観光の振興に資する施策に必要な経費の財源に関する特別の措置を講ずることにより，国際観光の振興を図り，もって我が国の観光及びその関連産業の国際競争力の強化並びに地域経済の活性化その他の地域の活力の向上に寄与することを目的とする。
1999 年	○ 6 月「外客誘致法」施行。 目的：「ウェルカムプラン 21」の具体化を図る。	
2000 年	○ 5 月「新ウェルカムプラン 21」(民間の「観光産業振興フォーラム」において策定。) 目的：おおむね 2007 年を目途に外客数 800 万人とする。	2000 年の国際観光は，日本人海外旅行者数が 1,782 万人（前年比 8.9％増）と過去最高を記録。一方で，訪日外国人旅行者数は，アジア地域の景気回復等を背景に 476 万人（前年比 7.2％増）と過去最高を記録したものの，11 年で世界第 36 位に留まっており，依然として国際的には低水準となっていることから，訪日外国人誘致，とくに，今後経済成長が見込まれ，日本にも比較的近い距離にあるアジアの近隣諸国からの訪日外国人誘致のための施策を総合的に推進していくことが課題となった。
2001 年	○ 9 月 米国同時多発テロ事件発生	米国同時多発テロ事件の影響を受け，同年の国際観光は，日本人海外旅行者数が 1,622 万人（前年比 9.0％減）と過去最大の減少を記録。景気不振，円安傾向等も影響した。
2002 年	○ 5 月 日韓共催ワールドカップの開催 ○ 6 月「経済財政運営と構造改革に関する基本方針 2002」 ○ 12 月「グローバル観光戦略」の策定 目的：「経済財政運営と構造改革に関する基本方針 2002」(平成 14 年 6 月 25 日閣議決定）に基づき，関係府省等と協力して，外国人旅行者の訪日を促進する。	○ 12 月 「グローバル観光戦略」の策定 　当該戦略は，日本のさまざまな主体が連携しながら，「世界に開かれた観光大国」となること，そして，その結果として，観光産業が日本の真のリーディング産業となることを目指し，訪日外国人旅行者数と日本人海外旅行者数との格差をできる限り早期に是正することを目標とする官民あげた国家戦略であった。 本戦略の開始年である 2003 年を「訪日ツーリズム元年」として政府，地方公共団体，関係団体，民間企業の連携体制の下で推進することとしていた。 14 年は過去最高の 524 万人を記録したが，国際的には外国人旅行者受入数で日本は 36 位（13 年）と低い水準にあり，訪日旅行の促進が大きな課題であった。
2003 年	○「訪日ツーリズム元年」 ○ 1 月 小泉首相，第 156 国会小泉総理姿勢方針演説（当時約 500 万人で伸び悩んでいた訪日外国人旅行者数を 2010 年までに 1,000 万人に増やすことを国家目標として掲げた。) ○ 1 月「観光立国懇談会」創設。 ○ 3 月「ビジット・ジャパン・キャンペーン」実施本部会合開催。「グローバル観光戦略を推進する会」開催。 ○ 4 月「観光立国懇談会報告書」取りまとめ。 ○ 5 月 第 1 回観光立国関係閣僚会議 ○ 7 月「観光立国行動計画」の策定	2001 年の「グローバル観光戦略」において，2003 年から 2007 年までの 5 年間を「訪日ツーリズム拡大戦略期間」とした。 2003 年 4 月，「住んでよし，訪れてよしの国づくり」というスローガンの下で観光立国懇談会報告書がまとめられた。このスローガンが現在にも続く日本における観光スローガンとなっている。
2004 年	○ 10 月 ロードマップ作成（2005 年 700 万人，2008 年 900 万人） ○ 11 月「観光立国推進戦略会議報告書」取りまとめ	

2005 年	○ 1 月「国土交通省観光立国推進本部」の設置	
2006 年	○「観光立国推進基本法」の制定	
2007 年	○「観光立国推進基本計画」が閣議決定。 ○「ビジット・ジャパン・キャンペーン」実施本部事務局が発足，活動開始。 「21 世紀初頭における観光振興方策」に示されている 800 万人を迎えることを目標。	
2008 年	○ 6 月第 12 回観光立国推進戦略会議で「観光庁の発足に当たっての観光立国に関する意見」提出。 ○ 10 月 国土交通省の外局として「観光庁」が新設。	「観光庁の発足に当たっての観光立国に関する意見」のなかで，「観光庁は，関係省庁と連携して，観光立国に係る中長期的な戦略，とくにインバウンドに係る中長期的戦略（東京オリンピック開催予定の 2020 年に 2,000 万人を目標）を策定するべき」とした。
2012 年	○ 12 月，観光政策審議会「21 世紀初頭における観光振興方策──観光振興を国づくりの柱に──」答申。 答申においては，産業構造の変化等による国内各地域の「まち」の停滞，IT 革命，少子・高齢化，環境意識の高まり，グローバル化の進展等，観光をめぐる経済・社会環境の変化を踏まえ，今後，観光振興を国づくりの柱に据えていくことが提言されている。	観光政策審議会は観光をめぐる近年の急速な経済社会情勢の変化に対応して，「21 世紀初頭における観光振興方策──観光振興を国づくりの柱に──」を答申。 政府としては，日本新生のための新発展政策における高齢者等観光振興策の推進，改正祝日法の施行による旅行環境の改善，観光分野における情報インフラの整備，国内の新たな観光交流拡大の啓発普及事業等，雇用創出・まちづくり事業等に取り組んだ。 観光関係事業者等においても，「観光産業振興フォーラム」が訪日外国人倍増に向けた取り組みに関する緊急提言や観光産業振興に関するアピールを行ったほか，全国各地で「観光を考える百人委員会」が設立されるなど，観光振興に向けた取り組みが進められた。
2013 年		2013 年の『観光白書』は，世界における日本の観光分野のさまざまな点における遅れを指摘している。すなわち，日本は諸外国に比べ，インターネットの活用，多角化経営，ビジネストラベルマネジメント（企業の出張管理）への注力等が遅れているという。量的な拡大だけを目指すのではなく，まずは日本の観光業界の質的向上が望まれよう。
2016 年	○ 3 月「明日の日本を支える観光ビジョン：世界が訪れたくなる日本へ（通称：観光ビジョン）」（「観光ビジョン構想会議」策定） 目標：2020 年に 4,000 万人訪日，8 兆円消費。2030 年に 6,000 万人。	2008 年観光庁新設時の目標は，東京オリンピック・パラリンピック開催の 2020 年の訪日外国人旅行者数は 2,000 万人，訪日外国人旅行消費額は 4 兆円とされてきた。しかし，2015 年の段階で約 1,974 万人が訪日し，約 3 兆 4,771 億円が消費されたため，新たな目標が示された。本観光ビジョンは，観光先進国に至るための次の「3 つの視点」を強調していた。 ① 観光資源の魅力を極め，地方創生の礎に ② 観光産業を革新し，国際競争力を高め，日本の基幹産業に ③ すべての旅行者がストレスなく快適に観光を満喫できる環境に
2019 年		「観光ビジョン」で定めた 2020 年の目標の達成状況は，コロナ禍前の 2019 年時点で，訪日外国人旅行者の人数では約 8 割に達したが，その旅行消費額と地方部宿泊数については約 6 割にとどまっていた。 高付加価値旅行者（着地消費 100 万円以上の旅行者）の獲得シェアも低かった。訪日外国人旅行者の 8 割が訪問先上位 10 都道府県に集中するなか，一部観光地では，観光旅行者による混雑，マナー違反等，住民との課題といったオーバーツリズムも生じていた。このように，インバウンド増加の一方で，取り組みの質的強化が必要な課題が発生していた。

| 2023年 | ○3月31日,「観光立国推進基本計画」閣議決定。本基本計画においては, 観光立国の持続可能な形での復活に向け, 観光の質的向上を象徴する「持続可能な観光」「消費額拡大」「地方誘客促進」の3つをキーワードに, 持続可能な観光地域づくり, インバウンド回復, 国内交流拡大の3つの戦略に取組むこととしている。 | 本基本計画においては, 新たな国内交流市場の開拓としてワーケーション※1やブレジャー※2について, コロナ禍を経たテレワークの普及や働き方の多様化を踏まえて,「より長期かつ多くの旅行機会の創出」や「旅行需要の平準化」につながる取り組みと捉えるとともに, 働く場所や時間の自由度を高める点で働き方改革や企業の経営課題への対応に寄与し, 地域活性化等にも資する意義を有するものとして, 普及・定着に向けた取り組みを推進する, としている。さらに, 観光で持続的に「稼げる」地域となるためには, 地方公共団体や「観光地域づくり法人」(DMO：Destination Marketing／Management Organization) が,「住んでよし, 訪れてよし」の観光地域づくりを目指し, 観光旅行者と地域住民の双方に配慮した総合的な観光地マネジメントを行うことが重要とした。今後の日本の観光の復活に向けては, コロナによる変化やコロナ前からの課題を踏まえ, 単なるコロナ前への復旧ではなく, コロナ前とは少し違った, 持続可能な形での復活を図ることが求められると「基本計画」は指摘し, そのためには, これまで以上に質の向上を重視した観光へと転換していくことが必要であると結論づけている。 |

(注)

※1　ワーケーション (Workcation) とは,「ワーク」(労働) と「バケーション」(休暇) を組み合わせた造語。観光地やリゾート地でテレワークを活用し, 働きながら休暇をとる過ごし方。Bizcation。

※2　ブレジャー (Bleisure) とは, 仕事 (Business) と余暇 (Leisure) を組み合わせた造語。ビジネスとレジャーを組み合わせる出張制度。

(出所) 国土交通省 (2005) 及び各年『観光白書』をベースに作成。

第 6 章

ホスピタリティ産業の現状と未来（3）——宿泊産業

◉ 本章のねらい ◉

1. 世界の宿泊産業の歴史と現状を説明できるようになる。
2. 世界の宿泊産業の課題を見つけ，それに対する対策を考案できるようになる。
3. 日本の宿泊産業の歴史と現状を説明できるようになる。
4. 日本の宿泊産業の課題を見つけ，それに対する対策を考案できるようになる。
5. 宿泊産業における新しい経営戦略やサービスを策定できるようになる。

キーワード：
ホテル，リゾート，デスティネーションホテル（destination hotel），デスティネーションリゾート（destination resort），シティホテル，ビジネスホテル，コミュニティホテル，単独直営型，チェーン型，所有独立方式，リース方式，MC 方式，フランチャイズ方式，リファーラル方法，アフィリエイト方法

1. ホテルとリゾートの歴史

　現在のホテルとリゾートの原型となったのは，近世で流行したヨーロッパにおける邸宅での社交宿泊と温泉地における保養兼カジノ施設である[1]。

　近世に入ると宮廷政治や初期の議会制度が発達したことにより，地主貴族は都市に滞在することが多くなり都市に邸宅を持つようになった。これがフランスでは領地の「résidence レジデンス／（仏）レジドンス」（居城）に対して「hôtel ホテル／（仏）オテル」（邸宅，大きな建物，役所），英国では領地の「カントリーハウス country house」に対して単に「ハウス house」と呼ばれるようになった。

　同時に，王侯貴族が旅行時に都市の有力者宅を徴用して宿泊する君主歓待行為は，商人を中心とする都市自治体の発言力の増大により制約を受けるようになった。そのため，貴族階級は相互の邸宅（ホテル／ハウス）を訪問してそこでの社交と情報交換を行うことが多くなった。このような相互訪問・社交宿泊の増加により，貴族階級の邸宅には宿泊客をもてなす客室，食堂，談話室などの施設と召使い組織が発達した。そしてこの「ホテル」という言葉が，19 世紀に新たに登場した高級宿泊施設の業態名に使用されることとなった。

　一方，西欧では 12 世紀に中近東から伝搬した温泉浴場が普及したが，男女混浴による風紀の乱れや伝染病の発生源となったことで 15 〜 16 世紀には公共浴場での入浴習慣は一旦廃れ

た。これが復活したのが 17 世紀であり，ヨーロッパ各国で保養地（リゾート：原義「何度も出向く場所」）が開発された。そこでは，王侯貴族の別荘とともに，中世からの温泉療法を受け継いだ救貧院も存在し，保養と療養が混在する場所も存在した。このような保養地の整備の財源となったのが公営カジノであり，たとえばドイツのバーデンバーデンでは 18 世紀中盤にカジノ免許が交付され，以降，何回かのカジノ廃止の動きを受けながらも街並みの整備が進み，現在の良好なリゾート環境を形成していった，という。

　英語では，これまで，「ホテル hotel」は，宿泊を目的とした施設を指し，「リゾート resort」は，カジノを始め，宿泊以外のそこでの滞在自体が主たる利用目的となるような宿泊施設を指していた。近年，この区別があいまいになりつつあるため，英語では，本来の「リゾート」に値するリゾートを "destination resort（デスティネーションリゾート）"，宿泊以外の利用目的を売りにしているホテルを "destination hotel（デスティネーションホテル）" と呼ぶようになっている。

　なお，宿泊施設のランクについては，国際的には次の 5 つを基本とするものが多く使われている。

---

1) ラグジュアリー（luxury 最上級，豪華）
2) ハイエンド，アップスケール（high-end 高級）
3) ミドル，ミッドプライス（middle 中級）
4) エコノミー（economy 普通）
5) バジェット（budget 低料金）

　米国では，フォーブス・トラベルガイド（旧モービル・トラベルガイド，権威ある 5 つ星の格付けシステムを世界で初めて導入したトラベルガイド）が 1958 年の創設以来旅行業界で最も総合的な評価を行っている。欧州では，「ミシュラン」のホテル評価が有名である。日本では，旅行会社やホテル自身が自主的な判断により格付けをしているケースが多い。

2. 世界の宿泊産業の現状

2-1. 世界の宿泊産業の構成

　宿泊施設の種類は，表 6.1 のとおりである。日本では，宿泊施設全般を「ホテル」と呼ぶが，欧米では，"Hotel" は宿泊施設（accommodation）の一つの形態（その歴史的背景から比較的大きな規模の宿泊施設）であるのが一般的である。

表 6.1　欧米における宿泊施設の種類

	ホテルの種類	説　明	備　考
1	ホテル (Hotels)	個室での宿泊，食事，その他のサービスを提供する施設。 個室は多くの場合バスルームが付属。	
2	B & B (Bed and Breakfasts)	個室による宿泊と朝食を提供する，「ホテル」よりも小規模の施設。通常は昼食と夕食は提供しない。 通常の住宅や民家をリフォームして営業している場合も多いため，B & B経営者が同じ敷地や同じ建物（個人宅の家）に住んでいることが少なくない。予算のオプションがあるものやラグジュアリータイプのB & Bも存在する。	
3	モーテル (Motels)	自動車による長距離移動者を対象とした宿泊施設。そのため，都市郊外の幹線道路に面し，客室のドアが駐車場に面している。低層。 ジム，プール，ショッピングモールなどの施設（amenities）を併設していない場合が多い。	
4	ボウテル (Botels)	港・川岸・運河に設置された船，あるいは乗客を乗せて移動する船で宿泊ができる施設。	とくにヨーロッパでは人気。
5	イン (Inns)	料理と飲料を提供する宿泊施設。通常は朝食と夕食が付いている。サイズとしてはB & Bに近いが，B & Bよりも若干大きいものが一般的。	
6	リゾート (Resorts)	ホテル（高級宿泊施設）とその他さまざまな施設（ジム，プール，ショッピングモール，その他）からなる商業施設。たいていの場合，敷地内でレストラン，バー，各種エンターテイメント施設（映画，釣り，遊園地等々），リクリエーション活動ができる場，各種店舗がある。	例：ラスベガスのカジノ，MGMの映画館付リゾート。
7	サービスアパートメント (Serviced Apartments)	日常生活を送るのに必要な家具家電が全て揃っているうえに，ホテルのように室内清掃やリネン交換などのサービスが提供される住居。数日から数週間単位で滞在が可能。長期では1年以上の利用も可能。電気代や水道代などの光熱費，インターネット料金はすべて賃料に含まれ，入居した当日からすぐ使用することができる。一般のホテルの個室よりも広い傾向がある。入居者の事前審査と入居契約がある。門限がある。	海外駐在員等の利用が目立つ。 日本では1か月以上からが一般的。
8	ホスタル (Hostals)	複数のベッドルームもしくはアパートメントを提供する。バー，レストラン，カフェなどが付いている。ほとんどのホスタルは家族経営で，バスルームは他の宿泊客と共有することもある。	スペイン語が話されている地域に主にある独特の宿泊施設。
9	ホステル (Hostels)	予算が限られている人を対象とする宿泊施設。複数の人が同じ部屋の異なるベッドで寝る。実質上，部屋代というよりもベッド利用料として宿泊料を支払う。新しい人々との出会いが強調される。一般的に，台所とバスルームは他の宿泊客と共有される。	
10	アパートメントホテル (Apartment Hotels)	一般的に基本的な室内清掃が提供される，アパートの宿泊施設。滞在期間の契約なしに，入居日と退居日を利用者が決められる。1日から利用可。門限は無い。審査と契約がない。	
11	ブティックホテル (Boutique Hotels)	高品質の部屋とサービスを提供する，比較的小さな建物のホテル。特別なテーマをもっていることが多く，人気の都市地域に存在することが多い。	

12	コンドホテル (Condo Hotels)	ホテルとして運営されているコンドミニアム（分譲マンション）の建物。バカンスや短期滞在として1つのコンドミニアムを貸す。ほぼ都会にしか見られない。プールやジムがマンションに付属している場合がある。	アメリカで人気のタイプ。
13	ゲストハウス (Guest House)	個人家屋だったところを貸し出しているもの。たいてい所有者とは別の敷地にある。ホテルサービスがあるところもあるが，一般的には清掃，調理などはセルフサービスとなっている。	
14	ホリデイコテージ (Holiday Cottages)	ホリデイを楽しむ目的の場合のみ貸し出される個人宅もしくはコテージ（別荘風小規模住居）。借用している期間中，自由に使ってよいとするもの。	英国，アメリカ，カナダでとくに一般的。
15	ペンション (Pensions)	1日を通して食事サービスがあるゲストハウス。B＆Bに類似しているが，1日2食（Half Board），3食（Full Board）など選ぶこともできる。	
16	ポップアップホテル (Pop-Up Hotels)	季節や期限限定で営業するホテル。永久建築ではなく，取り壊しが容易。イベント期間中あるいはクリスマスや夏の期間などだけに設置・営業される。	
17	ロードハウス (Road Houses)	通行人を対象とした，客室は10前後の小規模ホテル。モーテル，B＆B，インを足して3で割ったようなホテル。B＆Bに類似しているが，レストランもしくはバーが併設されていることが少なくない。	

（出所）主として Revfine.com. の "Different Types of Accommodation in the Hotel Industry" から得た情報を参考に作成。

（出所）MetroResidences の HP。

図6.1　サービスアパートメントの例

左が JW Marriott マルコアイランドビーチリゾート，右が Park MGM Las Vegas。
（出所）JW Marriott International の HP, MGM International Group の HP。

図6.2　リゾート（デスティネーションリゾート）の例

2-2. 世界の宿泊産業の市場

Statista によると（以下，断りが無い限り Statista の各年のデータを使用），ホテル利用者率は 2023 年に世界の人口の 14.8%，2027 年までに 16.8% になると予測され，人数で言えば 2027 年までに 13.3 億人に達すると予想されている。これにより，宿泊産業の世界市場は 2023 年には 4,100 億ドルに達し，その後年平均 4.2% の増加により 2027 年には 4,834 億ドル（一人当たりの 1 回のホテル宿泊費は約 360 ドル）になると予想されている。2022 年の世界の総生産高はほぼ 100 兆ドルであるので（IMF 2023），世界の宿泊産業は現在その 0.4% を占めていることになる。

ホテル事業において最も売上げを上げている国はアメリカであり，2023 年にはアメリカ 1 国だけで，世界のホテル事業の売上げの 4 分の 1 に当たる 1,061 億ドルの売上げとなっている。アメリカの 2022 年の GDP が 25 兆 4,645 億ドル（IMF 2023）であるため，ホテル事業の売上げがアメリカの GDP 占める割合は約 0.4% である。

営業収益では，2022 年の数値では，Marriott International Inc.[2] が第 1 位で 222 億ドル，MGM Resorts International[3] が第 2 位で 141 億ドルとなっている。この 2 社だけでアメリカのホテル事業の売上げの 3 分の 1 を占めている。

3. 日本の宿泊産業の歴史 [4]

日本では，奈良時代（710 年～ 784/794 年）に中央集権国家が成立したことにより 646 年に駅伝制度が敷かれた。これにより，30 里毎（≒ 15km 毎。当時の一里は約 500m。）に公用旅行者のための駅家が整備され，それを元に宿駅制度が整備された。このような駅家では，官吏は宿泊の際，高位の官吏には荘園での食事ともてなし，下位の官吏には米が支給など，身分に応じてもてなしを受けたという。

一方，防人や労役への徴用や納税のために旅を強いられた農民たちは，野宿や無人のお堂，市屋（市が立つ日のみ店舗として利用される簡素な小屋）に泊まるしかなく，行倒れのケースも多発した。そのため，仏教は寺院を各地に建設し，旅行者の一時救護を目的とした布施屋等の宗教宿が発達した。

平安時代（784/794 年～ 12 世紀末）には高野山や熊野への社寺詣でが盛んになり，寺に付属する修行所が信者の宿泊所として宿坊（宿院）と呼ばれるようになり，高野山では最盛期には 200 軒を数えたという。このように仏教思想の普及により，それまで穢れているとして排除されることが多かった旅人を徐々に寺や民家が泊めることが一般化していった。

室町時代（1336/1338 年～ 1573 年）に入ると幕府は公用旅行者が安心して泊まれる認定宿制度を設け，公用旅行客は母銭と呼ばれた宿泊料を支払っていた。母銭は当初は慣習に基づく謝礼としてのものであったが，宿駅制度を維持する国家権力が弱体化するに伴い，宿泊制度は有償へと移行していった。

4．日本の宿泊産業の現状

4-1．日本の宿泊産業の構成

　日本の宿泊業に関する法律である「旅館業法」によれば，「旅館業」とは「宿泊料を受けて人を宿泊させる営業」また，「宿泊」とは「寝具を使用して施設を利用すること」と定義されている。旅館業は「人を宿泊させる」営業であり，生活の本拠を置くような場合，たとえばアパートや間貸などは，貸室業・貸家業であって，旅館業には含まれない。また，「宿泊料を受けること」が要件となっており，宿泊料を徴収しない場合は旅館業法の適用は受けない。

　旅館業法における宿泊施設の区分は，現在，「旅館・ホテル営業」「簡易宿所営業」「下宿営業」の 3 種類である。以前は，宿泊施設の主な構造・設備が洋式の場合を「ホテル」，和式の場合を「旅館」と区別し，ホテルは洋式で 10 室以上，旅館は和式で 5 室以上，さらに客室の広さなどそれぞれ取り決めがあったが，2018 年 6 月の旅館業法改正により，「旅館・ホテル」に統一され，両者の定義の違いは無くなった（表 6.2）。これにより，「旅館・ホテル営業」の営業許可を得ている宿泊施設がすべて，法律上は「ホテル」となった。ただし，施設の名称は自由に付けられるため，宿泊施設の主な構造・設備が和式の場合であっても「ホテル」としている場合も少なくなく，また，簡易宿泊所であっても多くが「ホテル」と名付けている。

　旅館業法改正前の 2018 年 3 月末のホテルは 1 万 402 施設，旅館は 3 万 8,622 施設であり，圧倒的に旅館が多かった。現在は，名称上は「ホテル」が増える一方で，「旅館」は減少傾向にある。なお，多くの旅館の宿泊プランが 1 泊 2 食付きであるのに対し，ホテルは 1 泊朝食付き，または素泊まりが基本となっているなど，これまでの風習が残されている傾向がある。

　厚生労働省の「衛生行政報告例」によると，2022 年 3 月末時点での「旅館・ホテル」は 5 万 523 施設で前年比 180 施設（0.4%）減少，新型コロナ流行開始直後の 2020 年 3 月末比では 481 施設（0.9%）減少した。

　観光庁では，統計上，「宿泊施設」を①旅館，②リゾートホテル，③ビジネスホテル，④シティホテル，⑤簡易宿泊所，⑥会社・団体の宿泊所の 6 つに分類している。2023 年 7 月に

表 6.2　2018 年の旅館営業法の改正内容

	構造設備基準	改正内容
1	最低客室数	「ホテル営業：10 室，旅館営業：5 室」という区別を廃止。
2	洋室の構造設備の要件の廃止	洋室の構造設備の要件（寝具は洋式であること，出入口・窓に鍵をかけることができること，客室と他の客室等との境が壁造りであること）を廃止。
3	客室の最低床面積	1 客室の最低床面積（「ホテル営業：洋式客室 9㎡以上，旅館営業：和式客室 7㎡以上」）を，「7㎡以上（寝台を置く客室にあっては 9㎡以上）」と変更。
4	玄関帳場（フロント）	厚生労働省令で定める基準を満たす設備（映像などによる顔認証による本人確認機能等の ICT 設備を想定）を，玄関帳場等に代替する機能を有する設備として認める。
5	便所	数値による規制は廃止となり，適当な数の便所を有すればよいこととなった。

おけるそれぞれの利用客室数は，表6.3のとおりであり，ビジネスホテルが全利用客室数の半数以上となっている。なお，日本における「リゾートホテル」は，現時点では，英語におけるホテル分類上の「リゾート」（宿泊以外の目的で利用する宿泊施設）とは異なり，都市ではなく地方のリゾート地（余暇を過ごす場所）にあるホテルの意味で使用されていることが一般的である。

表6.3　日本における宿施設の分類とその利用客室数　　　　　（室）※

利用客室数 (注)	宿泊施設タイプ（6区分）					
	旅館	リゾートホテル	ビジネスホテル	シティホテル	簡易宿所	会社・団体の宿泊所
32,177,720	2,736,840	2,571,210	19,308,100	5,982,030	1,200,550	224,720

(注) 宿泊施設タイプ不詳を含む。
※ 推計値であるため四捨五入しており，内訳の合計は必ずしも総数と一致しない場合がある。
（出所）観光庁「宿泊旅行統計調査」（2023年7月実施）。

4-2．日本の宿泊産業の市場

『レジャー白書2022』によると，2021年の国内市場規模は，ホテルが9,360億円で前年比12.5％増，旅館が6,760億円で同3.4％減少した。両者を合計すると，「ホテル・旅館」は1兆8,141億円で同4.6％増となっている。2023年度の日本のGDPは約550兆円（内閣府発表）であるので，日本のGDPに占めるホテル・旅館の生産高は0.33％であり，米国の0.4％と比較すると若干低く，欧米化した日本のライフスタイルから見ると潜在市場規模は大きいと考えられる。

2018年以降ホテルの売上げが旅館を上回っているが，ホテル，旅館ともコロナ禍による落ち込みが大きく，2021年の市場規模は，コロナ前の2019年比ではホテルが43.1％減，旅館が50.9％減であった。

4-3．日本の宿泊産業の特徴

観光庁による日本の宿泊旅行の全国規模での実態調査である「宿泊旅行統計調査」では，ホテルを次の3つに分類している。

> 1）ビジネスホテル…ホテルのうち主に出張ビジネスマンを対象とするもの
> 2）リゾートホテル…ホテルのうち行楽地や保養地に建てられた，主に観光客を対象とするもの
> 3）シティホテル…ホテルのうちリゾートホテル，ビジネスホテル以外の都市部に立地するもの

近年，これらの区別がつかないホテル，1部屋毎に趣向を凝らしているデザイナーズホテル，シティホテルとほぼ同様の機能を持ちながらその地域のコミュニティに根差した経営施策や商品構成を行っているコミュニティホテルなど，さまざまなタイプのホテルが生まれている。な

お，宿泊施設の分類として日本で使用されている普通名詞としての「ビジネスホテル」「リゾートホテル」「シティホテル」「コミュニティホテル」は，すべて日本で創られた名称である。

海外のホテルの分類と日本のホテルの分類を，機能や価格を中心に表したものが，図6.3である。

なお，日本発祥のカプセルホテルは，ベッド上で寝起きできるだけの大きさのカプセル状（箱型）の小室を並べた「簡易宿泊所」であり，法律上は「ホテル」ではない。最近では，豪華さ，寝心地の良さ，快適性，大浴場等を売りにしているものも出てきている（図6.4）。

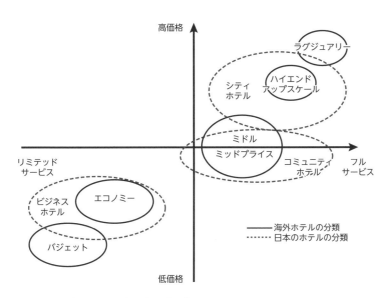

（出所）大岡啓之（2020）を若干修正。

図6.3　海外のホテルの分類と日本のホテルの分類

（出所）ファーストキャビンのHP。

図6.4　高級カプセルホテル

5．日本のホテル産業界の動向

　日本経済新聞社が 2022 年 10 月にまとめた「サービス業調査」(21 年 8 月〜 22 年 7 月に迎えた決算期のホテル部門売上高が対象，原則として単体) によると，国内ホテルの売上高 1 位は西武・プリンスホテルズワールド，2 位は共立メンテナンス，3 位は東横イン，4 位はミリアルリゾートホテル，5 位はホテルオークラであった。一方，キャリタス就活編集部が独自に主要企業のホテル部門の売上高を対象とした 2022 年 10 月時点でのランキングは，表 6.5 のとおりである。日本経済新聞社のものとキャリタス就活編集部によるものには若干違いがあるが，その違いは，調査対象が，単体であるかグループ全体であるか，あるいは経営会社であるか運営会社であるかによるところが大きいものと思われる。

6．ホテルの経営形態・運営方式 5)

　どのような事業にも，「所有」「経営」「運営」のそれぞれを担当する当事者がいるが，これらは一つの法人や個人が兼ねることもあれば，複数の当事者で分担することもある。

　ホテルの「所有」とはホテルの建物自体や土地などを自身が「持っている」ことで，たとえば自分のお金で土地を買い（もしくは借り），そこに自分のお金でホテルを建て，その所有権を自身の名義で登記している場合，その人（法人，自然人）はホテルの所有者となる。

　ホテルの「経営」とは，ホテル事業で「利益を上げるため体制をつくる」ことである。ホテルの経営者には，目標を定める，その目標を達成するために事業計画を立てる，それを実現するために必要な人材を雇う，サービスの方針や内容を決定する，といった役割がある。

　ホテルの「運営」とは，ホテルの建物と体制を使い，組織の資源・機能を最大限に発揮できるよう「事業を実行する」ことである。

6-1. 経営形態

　ホテルの経営形態は「単独直営型」と「チェーン型」の 2 つに大別できる。

(1) 単独直営型

　所有，経営，運営が同一の組織体によって行われているもの，すなわちオーナー（所有者）が経営と運営を行うものをいう。

(2) チェーン型

　チェーン型は，経営などを同一資本にすることにより複数のホテルを展開しているものである。

表 6.5　日本のホテル売上高ランキング上位会社の概要

順位	会社名	売上高	施　設	従業員数	備　考
1	リゾートトラスト株式会社（愛知県）	1,577 億 82 百万円	ホテル 36, ゴルフ場 13	7,903 名（連結）（2022 年 3 月）（内, パート平均従業人数 3,110 人）	リゾーツ 子会社・関連会社数は, リゾートトラスト株式会社含め 31 社。
2	㈱西武ホールディングス（東京都）	1,331 億 80 百万円	国内 58 カ所, 海外 28 カ所（2023 年 4 月末現在）	352 人（2022 年 3 月現在）（西武グループは 81 社, 社員約 23,000 人）	シティホテル 西武ホールディングス（HD）傘下の西武・プリンスホテルズワールドワイドが 2022 年 4 月にプリンスホテルを承継。
3	ルートインジャパン株式会社（東京都）	976 億 56 百万円	370 施設（ホテル 335/ 飲食店 18/ ゴルフ施設 5/ 温浴施設 11/ スキー場 1）	17,382 名（2023 年 6 月 15 日）	ビジネスホテル ホテル総客室数 58,333 室（運営中）/ 71,235 室（工事・設計中含む）
4	アパホテル株式会社（東京都）	916 億 56 百万円	708 ホテル（2023 年 9 月 1 日）	3,200 名（グループ計 5,000 名）（統計日不明）	ビジネスホテル 104,519 室（2023 年 9 月 1 日）。ホテル運営客室数は, 2023 年に 1 位。
5	東横イン（東京都）	627 億 72 百万円	日本・韓国・ドイツ・フィリピン・フランス・モンゴルにて, ビジネスホテルチェーン運営。	15,878 人（パートタイム従業員含む）（統計日不明）	ビジネスホテル 客室数は, 2022 年時点においては日本で業界 1 位であった。
6	共立メンテナンス ※1（東京都）	486 億 87 百万円	国内 92 ホテル, 海外 1 ホテル（韓国）	5,682 名（連結）（2023 年 3 月）	リゾーツ
7	オリエンタルランド ※2（千葉県）	479 億 88 百万円	7 施設	社員 5,409 名, 準社員 13,669 名（2022 年 3 月）	リゾーツ テーマパーク事業, ホテル事業, その他の事業からなるオリエンタルランド全体の売上高は, 2,757 億 2,800 万円（2022 年 3 月期）。
8	ホテルオークラ（東京都）	381 億 18 百万円	オークラ ホテルズ & リゾーツが国内 16 ホテル, 海外 9 ホテルを運営（2023 年 6 月 1 日）		シティホテル, リゾーツ 「株式会社ホテルオークラ」を親会社として 21 社の子会社を持つ。子会社は, 米国, オランダ, 中国の会社を含む。
9	京王電鉄株式会社 ※3（東京都）	329 億 82 百万円		2,410 人	シティホテル B & B
10	㈱ニューオータニ（東京都）	324 億 75 百万円	全国 5 ヶ所においてホテル事業を, 4 店舗にてレストラン事業を展開。	418 名（社員 321 名 / 契約社員 97 名（令和 4 年 4 月現在））	シティホテル ホテル関連商品の販売や保険代理店業務, ホテル従業員及び私立小学校向けの給食事業も行っている。

※ 1　共立メンテナンスは, 次の 3 つの事業を行っている。
　　①寮事業（学生寮・社員寮・ドミール（ワンルームマンションタイプ）・受託寮の管理運営）
　　②ホテル事業（ドーミーイン・リゾート）
　　③シニアライフ事業（高齢者向け住宅の管理運営）
※ 2　オリエンタルランドのホテル事業は, 株式会社ミリアルリゾートホテルズが経営・運営する, ディズニーアンバサダーホテル, 東京ディズニーシー・ホテルミラコスタ, 東京ディズニーランドホテル及び東京ディズニーリゾート・トイ・ストーリーホテルの 4 つのディズニーホテルと, その子会社である株式会社ブライトンコーポレーションが経営・運営する東京ディズニーセレブレーションホテル, 浦安ブライトンホテル, 京都ブライトンホテルの 3 つのホテルを合わせた合計 7 施設。
※ 3　京王電鉄は 2002 年から, 低価格ビジネスホテルチェーンとして「京王プレッソイン」, 2018 年からは宿泊特化型アッパーミドルホテルとして「京王プレリアホテル」を展開。これらは京王電鉄の直営事業として, 京王プラザホテルチェーンとは別に運営されている。京王プラザホテルチェーンは, 京王電鉄の子会社の株式会社京王プラザホテルが運営。
（出所）売上高は, それぞれの会社のホテル事業部門のものを 2022 年 10 月 1 日時点で最新の有価証券報告書並びに未上場企業の決算公告または公式 HP より売上高を公開している企業を対象にキャリタス就活編集部が独自に集計したもの。その他の情報は, 各社の HP（2023 年 9 月 12 日）で確認して作成。

6-2．運営形態

ホテルの運営形態とは，ホテル運営のビジネスモデルのことであり，所有直営方式，リース方式（賃貸借方式），運営委託方式（マネジメントコントラクト方式：MC方式），フランチャイズ方式などに分けられる（表6.6）。

表6.6　ホテルの運営形態

形態	説　明	メリット・デメリット	代表例
所有直営方式	ホテル事業者が，土地・建物を所有するとともにホテル開発・運営を行う方式。 ホテル経営においては基本的な形。 	【メリット】 ・社会的信用が高い。経営者が土地や建物の所有者のため，金融機関から融資を受ける際に有利に働く。 ・成長に伴ってネームバリューが上がれば，独自ブランドによるチェーン展開を期待できる。 ・流行や需要に合わせて独自で増改築などの意思決定を迅速に行える。	帝国ホテル東京，ホテルニューオータニ，ワシントンホテル，ホテル椿山荘東京，など。
リース方式（賃貸借契約）	ホテル運営会社がホテルの所有者から建物を借りて経営・運営をする方式。 ホテル運営会社は，所有者にリース料（賃料）を支払うが，ホテル経営の売上げはホテル運営会社のもの。 	【メリット】 ・ホテル運営会社にとっては不動産を購入しなくても済むので初期コストを抑えられる。 【デメリット】 ・ホテル経営が低迷しても一定のリース料は必要。	東横インやホテルルートインなどのビジネスホテル。 土地や建物の所有者は，各地方の不動産を多く保有する企業がほとんど。
運営委託方式（マネジメント・コントラクト方式）	ホテルの所有者と経営者が，運営のすべてをホテル運営会社に委託する方式。 主としてホテルの売上げに応じて運営会社にその数パーセント程度の委託料（マネジメントフィー）が支払われる。 	【メリット】 ・ホテルの運営を外部に委託するので，経営に専念できる。 ・運営会社も土地や建物を仕入れる巨額の資金が必要なく，収益の安定化を図れる。 ・既存のホテルで従業員を抱えているケースもあり，社員教育によってスキルが向上する効果もある。	オークラニッコーホテルマネジメントなど。
フランチャイズ方式	建物の所有者や経営者が，特定のホテルチェーンに加入して運営する方式（所有・経営・運営者が自ら，特定のホテル（オペレーター）のフランチャイジーとなる方式）。ホテルチェーンに加入することで経営ノウハウやブランド使用権を取得。ホテルの経営者は売り上げを得る代わりに，加盟料やロイヤリティをホテルフランチャイズ本部に支払う。	【メリット】 ・ノウハウやブランドを持っていなくてもホテル経営に参入可能。 【デメリット】 ・ホテル経営が上手くいっていなくても，一定のロイヤリティが発生。 	アパホテル，スーパーホテル，ホテルサンルートなど。

（資料）Hotel Bank（2018），ホテル業界就職ガイド編集部（2023）等から作成。

6-3．ホテル・旅館運営の要素

　ホテル・旅館運営の 4 要素として，① 食事，② アクセス，③ 施設，④ サービスが挙げられている（ホテル業界就職ガイド編集部　2023：157）。しかし，現代では，その他に，広報・集客方法も，ホテル・旅館経営の大きな要素となっている。

　経営の一部の集客方法として，リファーラル方法，アフィリエイト方法というものがある。

　リファーラル方法とは，同規模のホテル同士がグループをつくり相互に集客するものである。本来は異なるホテルだが，同じグループ名やブランド名を使用し，運営ノウハウやシステムも共通化する。一方，アフィリエイト方法とは，複数のホテルを組織化し，共同でパンフレット制作を行ったり優先予約制度を導入したりすることで顧客の囲い込みをするものである。

　ホテルの売上げに係る部門は，① 宿泊，② 料飲，③ 宴会，④ その他である。その他には，ホテルメイドのお菓子，アメニティグッズ・お土産などの物販や駐車場収益などがある。一般的なシティホテルの場合，これらの部門の収益の割合は 3：3：3：1 だという（ホテル業界就職ガイド編集部　2023：158）。欧米のホテルの場合，一般的には宿泊売上げが 8 割を占め，残りの 2 割が料飲と宴会となっている（同上）。

　宴会部門の売上げは，大きく分けて①一般宴会と②婚礼の 2 つである。これまでは婚礼売上げがシティホテルの売上げの大きな柱になっていたが，少子化や競争の激化で今後は需要が縮むことが予測され，現在は一般宴会が注目されている（ホテル業界就職ガイド編集部　2023：158-159）という。

　一般宴会とは，現在業界用語で MICE と呼ばれている。MICE とは，Meeting（ミーティング：企業が開催する会議），Incentive（インセンティブ：褒賞旅行），Convention（コンベンション：政府関係，学会，協会，産業団体が開催する大規模会議），Exhibition（エクスヒビション：展示会，大規模商談会，見本市，博覧会）の頭文字から作った造語である。

7．宿泊産業の未来

　現在，宿泊産業は，コロナ禍を潜り抜けて，AI の進展を取り入れながら総合エンターテインメント産業として大きく変革しつつある。たとえばシェラトン・グランデ・トーキョーベイ・ホテル（浦安市舞浜）は，コロナ禍により海外への旅行が難しい中，非日常感あふれるリゾートでの滞在を今まで以上に楽しんでもらいたいという想いから，2020 年 8 月 1 日にフライトシミュレーターの導入に至った。シミュレーターとキャビンモックアップの両方がホテル内に導入されるのは，当ホテルによれば世界初という。

　一方で，近年，住宅の一部等を活用して旅行者等に宿泊サービスを提供する「民泊」が広まっている。しかし，必要な手続きをせず行政の監督を受けずに無断で実施している民泊サービスは，「違法民泊」となるため注意が必要である。

（出所）PRTimes（2020）（7月25日配信）。

図6.5　シェラトン・グランデ・トーキョーベイ・ホテルのシュミレーターとモックアップ

　　顧客の好みの変化，技術の変化，関連法律の変化にも目を向けながら，多様で効率的かつ生産的で人々のウェルビーイングを向上させるサービスやホスピタリティを生み出す必要があると言えよう。

注

1) 西欧におけるホテルとリゾートの成立については，主として大野（2020）を参考とした。感謝とともに記す。
2) Marriott International Inc. は，ザ・リッツ・カールトン，セントレジス，JW マリオットを始め，世界138の国と地域に31の高級ブランド，8,500を超えるホテル／リゾートを展開している世界1位の規模を誇るホテル経営会社。
3) MGM Resorts International は，MGM グランド，パーク MGM を含むデスティネーションリゾートを運営する企業。
4) 日本における宿泊産業の歴史については，主として大野（2020）を参考とした。感謝とともに記す。
5) ホテルの経営形態・運営方式については，HotelBank（2018），ホテル業界就職ガイド編集部（2023）等を参考とした。また，西武文理大学教授の馬場哲也氏にも教えを請うた。感謝とともに記す。

🖉　　発展学習（学修）　🖉

1. もし自分のホテル（宿泊所）を創るとしたら，どのようなホテル（宿泊所）を創ってみたいか，立地，規模，経営方法，運営方法，サービス方法，集客方法，そこでの売りを考えてみよう。
2. 大学生10人程度の男女混合のグループが夏季休業中にゼミ合宿を実施する場合について，具体的に企画してみよう。

引用・参考文献

ホテル業界就職ガイド編集部（2023）『ホテル業界就職ガイド2024』オータパブリケーションズ．

観光庁（2023）「宿泊旅行統計調査」2023年7月調査結果　https://www.mlit.go.jp/kankocho/siryou/toukei/shukuhakutoukei.html.（2023.09.14）.

日本生産性本部（2022）『レジャー白書2022──余暇の現状と産業・市場の動向──』．

大野正人（2020）「古代から近世における宿泊施設と宿泊業の発達過程の研究」『横浜商大論集』53(2), 19-50.

パイヤー，コンラド著，岩井隆夫訳（1997）『異人歓待の歴史──中世ヨーロッパにおける客人厚遇，居酒屋そし

て宿屋』ハーベスト社.

URL

APA Group の HP　https://www.apa.co.jp/ （2023.09.17）.

ファーストキャビンの HP　https://first-cabin.jp/cabin/ （2023.09.24）.

HotelBank（2018）「覚えておきたいホテル 4 つの経営形態・運営方式」https://hotelbank.jp/inbound/hotel/#%
　　E3%83%AA%E3%83%BC%E3%82%B9%E5%9E%8B （2023.09.25）.

IMF（2023）World Economic Outlook Database　https://www.imf.org/en/Publications/SPROLLS/world-
　　economic-outlook-databases#sort=%40imfdate%20descending （2023.09.25）.

大岡啓之（2020）「ホテルの種類って幾つあるの」エグゼクティブホテルマン大岡啓之の進めるホテルの使い方ブ
　　ログ　https://ameblo.jp/hiroyuki8080/entry-11545696744.html （2023.09.24）.

富士スピードウェイホテルの HP　https://www.hyatt.com/ja-JP/hotel/japan/fuji-speedway-hotel/fswub/rooms
　　（2023.09.14）.

ホテルオークラの HP　https://www.okura.com/jp/ （2023.09.17）.

Hyatt Hotels and Resorts の HP　https://about.hyatt.com/ja.html （2023.09.24）.

IMF World Economic Outlook Databases（2023 年 4 月版）　https://www.imf.org/en/Publications/SPROLLS/
　　world-economic-outlook-databases#sort=%40imfdate%20descending （2023.09.17）.

JW Mariott International の HP　https://jw-marriott.marriott.com/ja-JP/destinations/ （2023.09.17）.

京王グループ・電鉄の HP　https://www.keio.co.jp/ （2023.09.17）.

共立グループ・共立メインテナンスの HP　https://www.kyoritsugroup.co.jp/company/ （2023.09.17）.

PRTimes（2020）「パイロットも訓練で使用する本格フライトシミュレーターと全長約 13m のキャビンモックアッ
　　プをホテル業界世界初導入！フライトシミュレーター "SKY Experience" 8 月 1 日（月）オープン」（2020 年 7
　　月 25 日）　https://prtimes.jp/main/html/rd/p/000000188.000015667.html （2023.09.17）.

MetroResidences の HP　https://www.metroresidences.com/jp/expat-life/house/what-is-servicedapartment/
　　（2023.09.17）.

MGM International Group の HP　https://parkmgm.mgmresorts.com/en. html （2023.09.17）.

ニューオータニホテルズの HP　https://www.newotani.co.jp/ （2023.09.17）.

オリエンタルランドの HP　https://www.olc.co.jp/ja/index.html/ （2023.09.17）.

リゾートトラストの HP　https://www.resorttrust.co.jp/ （2023.09.17）.

Revfine.com."Different Types of Accommodation in the Hotel Industry"　https://www.revfine.com/hotel-
　　industry/#types-accommodation-hotel-industry （2023.09.24）.

ルートイングループの HP　https://www.route-inn.co.jp/company/about/ （2023.09.17）.

西武ホールディングスの HP　https://www.seibuholdings.co.jp/ （2023.09.17）.

識学総研の HP　https://souken.shikigaku.jp/11440 （2023.09.24）.

Statista の HP　https://www.statista.com/ （2023.09.14）.

東横インの HP　https://www.toyoko-inn.com/ （2023.09.17）.

第 7 章

ホスピタリティ産業の現状と未来（4）
──エンターテインメント産業・イベント産業

◉　本章のねらい　◉
1. 関連産業間のおおよその関係を，自分なりに説明できるようになる。
2. 日本のイベント産業の現状を説明できるようになる。
3. イベント産業の課題とその対策を考えられるようになる。

キーワード：

レジャー，レジャー産業，レクリエーション，レクリエーション産業，エンターテインメント，
エンターテインメント産業，イベント，イベント産業

1. レジャー概念とレジャー産業

1-1. レジャーの意味

　本章で取り上げるレクリエーションとは，極めて簡単に言えば，「余暇（レジャー）を活用し
た自主的・創造的活動」のことである。では，そもそも「レジャー（余暇）」とはどういう意
味であろうか。

　人間は生きていくために，食物を得たり寝たりする時間を確保しなくてはならない。とくに
現代社会においては，それらを得るために金銭が必要であり，金銭を得るために仕事をしてい
る。すなわち，生きていくためには食事，睡眠，労働が不可欠であり，省くことはできない。
これ以外の自由に使える時間が「余暇」である。

　現在「余暇」あるいは「余暇活動」という意味をもつ「レジャー leisure」という言葉は，元々
は「合法である，許可される」という意のラテン語 *licēre* に由来し，なんらかの権威によって
認可されている行動，状態という意味であった。現代的なレジャーは，古代においては特権階
級にしか許されていなかった自由な時間が，労働から解放され，一般市民にも手の届くことに
なった，という背景を有している。

1-2. レジャー産業

　レジャー産業は，広義の意味においては，レジャーに関連したすべての事業・産業を包括す
るものであり，すでに述べたように，ホテル・旅行・娯楽などのほか，外食や文化などの各産
業も含む。狭義の意味においては，レジャー産業は，レクリエーション（Recreation），エンター

テイメント（Entertainments），スポーツ（Sports），及び観光旅行（Tourism）――英語の頭文字では REST（休憩する）――を中心とする産業分野を指すこともある。この定義は，広義のレクリエーション産業が含んでいる飲食や宿泊を除いた学問的な分類でもある。

1-3. 世界的な「レジャー」概念の成立

1919 年の国際労働機関（ILO：International Labor Organization）第 1 回総会において ILO 第 1 号条約として「工業的企業における労働時間を 1 日 8 時間かつ 1 週 48 時間に制限する条約」が採択され，8 時間労働制の原則が国際的に確立した。このことにより，現代におけるレジャーの考え方が世界的な労働運動のなかに組み込まれた。

その後，1921 年に ILO 第 14 号条約として「工業的企業における週休の適用に関する条約」が定められ，「7 日の期間ごとに 1 回少なくとも継続 24 時間の休暇」が義務付けられ，週に 1 回の休日制度が国際的に確立した。これに伴い，休日を使ってのレジャー活動が生活の中にも，また企業活動の対象としても，意識されるようになった。

1-4. コロナ後のレジャーの動向

日本生産性本部（2023）が 2023 年 2 ～ 3 月にインターネットを通じて全国の 15 ～ 79 歳男女を対象として実施した調査（有効回答数 3,306）において，仕事（含，勉強や家事）と余暇のどちらを重視するかを尋ねたところ，約 64 ％が余暇を重視する傾向にあったが，とくに「仕事よりも余暇の中に生きがいを求める」の回答率が，本調査がインターネット調査に移行した 2009 年以降増加傾向にあり，2023 年の調査において初めて他の選択肢よりも大きくなっている。

同調査よると，2022 年の余暇活動全体への参加率はコロナ禍前の水準（54.3 ％）には戻っていないものの，個別の余暇活動への参加率としては，「国内観光旅行（避暑，避寒，温泉など）」が，前年（2021 年）から 10 ポイント上昇して 42.8 ％となり，2019 年以来 1 位へと返り咲いている。性別でみると，参加率が多い余暇活動は，男性は前年に続き「動画鑑賞（レンタル，配信を含む）」が 1 位，女性は「国内観光旅行（避暑，避寒，温泉など）」が 32.8 ％から 45.4 ％に大きく上昇して 1 位となっている。また，レジャーへの潜在需要の 1 位は海外旅行と分析されている。

2. レクリエーション概念とレクリエーション産業

2-1. レクリエーションの意味

レクリエーション（recreation: 心身を再生・回復させること）とは，「仕事などの拘束あるいは強制によって緊張し疲れた肉体と精神を回復させ，新たなエネルギーを生み出すために，余暇（レジャー leisure）を利用して行われる活動全体」をいい，「娯楽活動を，心身のリフレッシュという明確な意図の下に行ったときに，これがレクリエーションとして位置づけられることに

なる」という（『大日本百科全書』）。この定義によると，「心身のリフレッシュ」という明確な意図がない場合，レクリエーションとは本来は言えないことになることに注意が必要である。

　「レクリエーション」の語源は，ラテン語の *recreātiō*（病気からの回復）（『研究社新英和辞典』）である。明治以来この語を翻訳する試みが行われ，初期には「復造力」という直訳が現れたが，その後は休養，娯楽，保養，遊戯などの語が当てられ，昭和になって米国の recreation movement の訳語として「厚生運動」ということばが選ばれたという（『世界大百科事典（第2版）』）。「厚生」とは，「厚生省」の「厚生」であるが，「厚」は「加える」「強くする」，「生」は「生活」の意で，「暮らしを健康で豊かにすること」である。

　そもそもホスピタリティ産業は，疲れ果てた旅人を再生・快復させるために食事や寝る場所を提供することから始まっており，それは命のレクリエーション（再生）であった。飲食産業，観光産業，宿泊産業，レクリエーション産業は，ホスピタリティ産業としてはレジャー活動であるだけでなく，いずれも，人を元気にすることを目的とする点で一致していると言えよう。

　現代的レクリエーションは，余暇を利用して行われる心身の再生活動である。そこには，友人等との飲食，観光業が提供する旅行，その多くがエンターテインメント産業に含まれるイベント事業も包含される。

2-2. レクリエーション産業

　日本において「レクリエーション産業」という産業分類は存在しておらず，日本で「レクリエーション」あるいは「レク」と言えば，複数で楽しみのために主として室内で行うレクリエーションを指すことが一般的であるが，欧米ではレクリエーション産業は，人数に拘わらず自主的に参加・行動する野外活動を指すことが一般的である。

　また，日本においては，2011年に公布されたスポーツ基本法の第24条：「野外活動及びスポーツ・レクリエーション活動の普及奨励」において「スポーツ・リクリエーション活動」という言葉が存在するが，とくに法律で規制されているわけではないようである。一方，たとえば米国においては，州毎に「レクリエーションを推進する制定法（有限責任レクリエーション法：Limited Liability Recreation Statute）」及び連邦法である「グレート・アメリカン・アウトドア法（Great American Outdoor Act）」がある。前者は，その利用を不動産権者（施設管理責任者）に限定しない代わりに不動産権者の責任を制限する趣旨であり，後者は，公有地と水域を，その保全を促進しながら野外レクリエーションに提供する趣旨である。

　このようなことの背景には，欧米における土地利用方法が存在する。欧米においては，歴史的にも，時の有力者が広大な土地を囲い込んで（次章でも説明するが，そのような囲い込んだ土地を park と称する。）大規模農園，狩猟場，一種の小国家的世界を創り上げてきたり，大規模なナショナル・パークなどが数多く存在したりする。が，それらの土地を一般市民にも有効に活

用してもらうことにより，国民又は市民がより健康的で豊かな生活が送ることができることを国家あるいは州として支援しようというのである。

米国商務省の経済分析局 (BEA：the Bureau of Economic Analysis) によると，2019 年時点においてレクリエーション産業は，米国の GDP の 2.1% を占め，520 万人の雇用を支えており，7,880 億ドルの市場があるとされている (Nasta 2020)。

アウトドアレクリエーションの上位 5 位は，① ボート / フィッシング，② RVing（レクリエーショナル・ビークルで出かけること），③ 狩猟（ハンティング / シューティング / トラッピング），④ モーターサイクリング /ATV（All Terrain Vehicle：全地形対応車，四輪バギー，クアッド（四駆バイク）），⑤ スポーツ乗馬 (equestrian sports) となっている。その他にアウトドアレクリエーションとしては，登山，ハイキング，キャンピング，水泳，海水浴，カヌー，モーターボート，等々がある。

3．エンターテインメント産業

「エンターテインメント (entertainment)」は，他者を「もてなす」という側面が強調された言葉であるのに対し，「アミューズメント」(amusement) は，「楽しむ」ということ自体に重きが置かれた言葉である。

現代のエンターテインメント産業は，映像，音楽，書籍・映画，おもちゃ・関連グッズ，アニメ，ゲーム，各種テーマパーク，イベント，動画など「あらゆる娯楽コンテンツを通じてユーザーを楽しませる産業」であり，エンターテインメント産業における業種とその仕事内容は，表 7.1 のとおりである。

4．イベント産業

4-1．イベントの意味

「イベント産業」における「イベント」とはどういう意味であろうか。英和辞典（『小学館プログレッシブ英和中辞典』）を紐解くと，*event* には，「イベント産業」に関連するものとしては次の 2 つの意味が挙げられている。

① （重要な）出来事，事件（計画したわけではなくて起こった「出来事」をいうには event が最も一般的。ただし，意義や興味のある出来事という意味合いを帯びることが多い。）

② a. イベント，行事，催し（物）（計画されて執り行われる「行事」の意でも event が最も一般的。）

  b. 《スポーツ》一試合，一勝負，競技，種目

「イベント産業」の「イベント」は，基本的には，2 番目の，「計画されて執り行われる行事，催し物」を指す。

火山の噴火や突発的な事故などの偶然の出来事（イベント〔①のイベント〕）に対して受け身で

表7.1　エンターテインメント産業における業種とその仕事内容

	業　種	仕事内容	代表的企業
1	TV・ラジオ放送事業	テレビ局・ラジオ局での仕事をはじめとして，テレビ制作会社やラジオ制作会社の仕事も含まれる。	・NHK ・民間放送局
2	出版事業	書籍・雑誌・新聞・漫画などを出版する。	講談社，小学館，集英社，KADOKAWA等，多数
3	映像・音声事業	映画や音楽の制作を手がける。映画の企画・製作や海外映画の日本語版制作，宣伝に使うためのプロモーション映像制作，映画の中で流れる音声の制作などを担当している。活躍する企業は，放送局や制作会社，配給会社，興行会社，広告代理店など。映像・音声を制作するだけでなく，完成した作品を人々に宣伝する役割も担っている。	・ウォルト・ディズニー・ジャパン ・KADOKAWA ・東宝 ・東映 ・東北新社
4	おもちゃ・グッズ事業（販売）	子どもから大人まで幅広い年代を対象とし，余暇を楽しく過ごせるようなおもちゃを製造・販売している。小さい子どもが遊ぶおもちゃはもちろん，カードゲームやジグソーパズル，プラモデルなども扱っている。子どもの人口減少に対応すべく大人向けの商品が続々と開発されるなど，年齢層を拡張しようとする動きが活発化している。	・タカラトミー ・バンダイナムコホールディングス ・サンリオ・ハピネット・セガサミーホールディングス
5	アニメ事業	アニメ制作会社やアニメーションスタジオなどでアニメの制作を行う。	京都アニメーション，亜細亜堂等，零細企業多数
6	ゲーム事業	ゲームに関連する商品・サービスを提供する事業。ゲームハードを開発するゲームメーカー，ソフトを開発するゲームソフトメーカー，ゲームセンターに設置される筐体を開発するメーカーなどが活躍している。 従来は家庭用ゲーム市場がメインだったが，現在ではゲームアプリ市場が急激な成長を見せている。そのため，スマートフォン向けゲームアプリに強みをもつ企業が知名度を上げているのが，ゲーム業界のトレンドである。	・任天堂 ・ソニー ・スクウェア・エニックス ・バンダイナムコエンターテインメント ・Cygames
7	芸能・スポーツ事業	芸能タレントやアスリートのマネジメントサービス，スポーツチームの運営などを行う。芸能プロダクションを例に挙げると，映画やテレビドラマの出演交渉，コンサートの主催などを事業内容としている。非常に市場規模が大きいことから，事業に関わる職種は多種多様。芸能タレントやアスリートのように表に立って活躍する職種はもちろん，芸能マネージャーや番組制作者のように裏で活躍する職種も数多く存在する。	・ソニー・ミュージックエンタテインメント ・吉本興業 ・オスカープロモーション ・バーニングプロダクション
8	舞台・イベント事業	舞台やイベントの企画・制作・運営を行う。	松竹，マーベラス，ホリプロ，劇団民藝等，多数
9	レジャー・アミューズメント事業	テーマパークや遊園地，動物園，水族館，美術館，ゲームセンター，パチンコホールなどの運営を通じて娯楽を提供する。主に，自宅以外の場所で楽しむ活動のことを言う。	・オリエンタルランド ・ラウンドワン ・バンダイナムコ ・アミューズメント ・カプコン ・マルハン
10	動画配信事業	インターネットやスマートフォンを通じて映像コンテンツを配信する。映像コンテンツを扱う点では映像・音声事業とよく似ているが，映像・音声事業は制作に重きを置いているのに対し，動画配信事業は配信に重きを置いている。	Netflix，Amazon，hulu，NTTドコモ，DAZN等

（出所）A3Co.Ltd.（2021），OfferBoxなどの情報から作成。

あった人々は，やがて自ら疑似的に出来事を創り出すことができるようになり，現代のイベント〔②のイベント〕へと結びついていったという（宮地　2017：14, 29-30）。

4-2. イベントのコンテンツ

表7.2 は，イベントを形態ごとに分類したものである。これらのイベントを市場に載せて経済価値のあるものとしたのがイベント産業である。

また，これらをある特定のテーマのもとに統合した観光施設がテーマパークである。たとえば，キャラクターたちによるグリーティング，パレード，数々のショーなどのアトラクションからキャストたちのゴミ掃除に至るまで，ディズニーランド繰り広げられる全ての出来事は，予め計画されたイベントである（図7.3）。したがって，テーマパークの運営とは，もちろんそれだけではないが，多様なイベントの最適な組合せと考えることもできよう。

表7.2　形態別イベントの分類

	分　類	事　例	備　考
1	年中行事／季節イベント／地域イベント	正月，初詣，節分，ひな祭り，花見，端午の節句，春の彼岸，潮干狩り，海開き，七夕，お盆，盆踊り，秋の彼岸，月見，除夜の鐘，カウントダウンイベント，など。	
2	祝祭日／記念日	バレンタインデー，母の日，ハロウィン，クリスマス，など。	近年，商業祭へと変遷。
3	ライフイベント（人生の中で重要な出来事）	誕生（お宮参り，七五三，誕生日会），就学，進学，成人式，就職，結婚（結婚式），出産，退職，銀婚式，金婚式，葬式，など。	冠婚葬祭，通過儀礼。
4	長寿祝い	還暦・古希・喜寿・傘寿・米寿・卒寿，など。	
5	学校行事	入学式，文化祭，運動会，球技大会，遠足，修学旅行，卒業式，PTA 総会，謝恩会，など。	
6	祭礼（近年，観光イベント化）	伊勢神宮「式年遷宮」，信州諏訪大社「御柱祭」，祇園祭（京都府・八坂神社），天神祭（大阪府・大阪天満宮），神田祭（東京都・神田明神），青森ねぶた祭，など。	伝統を継承し，盛大に執り行う祭り。
7	祭り（観光客を集め，経済的な波及効果を期待。）	さっぽろ雪まつり，仙台七夕まつり，墨田川花火大会，よさこい祭り，阿波踊り，神戸ルミナリエ，フェスティバル，盆踊り大会，カーニバル（謝肉祭），花火大会，など（観光イベントとして実施）。	
8	パレード	優勝パレード，凱旋パレード，ご成婚パレード，軍事パレード，祭りの山車，など。	テーマパークや大型イベントのアトラクションとしても重要。
9	ライブエンターテインメント	コンサート，ミュージカル，オペラ，演劇，歌舞伎，浄瑠璃，お笑い，寄席，バレエ，サーカス，パフォーマンス，トークショー，人形劇，マジックショー，映画会，コラボレート，クラシック・ジャズ・ポップスコンサート，ロック・フェスティバル，コスプレダンスパーティー，インストアイベント，公開放送，など。	「夏フェス」なども含まれる。
10	展覧会	美術展，書道展，写真展，工芸展，総合アートフェスティバル，フラワーショー，ご開帳，など。 ※ご開帳：寺社で，特定の日に厨子（ずし）を開き，秘仏を一般の参拝者に公開すること。	コンテストの要素もある。

11	コンテスト／コンクール※	美人コンテスト，文科系甲子園，映画祭，演劇祭，品評会，音楽コンクール，など。 ※「コンクール」（仏）：主に芸術方面の競技。 「コンテスト」（英）：芸術以外の幅広い分野で使用。	
12	表彰イベント	ノーベル賞，アカデミー賞，グラミー賞，イグノーベル賞，など。	
13	スポーツイベント（観戦型）	オリンピック，パラリンピック，FIFA ワールドカップ，ラグビーワールドカップ，各種国際競技大会，ワールドゲームズ，マラソン，駅伝，国民体育大会，インターハイ，全日本学生選手権大会（インターカレッジ），甲子園，自動車レース，自転車レース，大相撲，プロ野球試合，Jリーグ，プロレス，格闘技，eスポーツ，など。	パブリックビューイングやスポーツ・バーでの観戦も含む。
14	スポーツイベント（参加型）	企業運動会，マラソン大会，ウォーキング（歩け歩け）大会，スリーデーマーチ，釣り大会，ボウリング大会，囲碁大会，フラッシュモブ，など。	一般人が参加。
15	公営ギャンブル	競馬，競輪，競艇，オートレース。	
16	ゲームイベント	リアル脱出ゲーム，ドミノ大会，宝探しゲーム大会，など。	
17	メディアイベント	紅白歌合戦，日本レコード大賞，箱根駅伝，24時間テレビ，鳥人間コンテスト，TV チャンピオン，ラジオ体操，高校生クイズ，ロボットコンテスト，など。	番組制作や記事と連動。
18	展示会・見本市	モーターショー，ゲームショー，おもちゃショー，ギフトショー，ガーデニングショー，各種フラワーショー，など。	MICE の一つ。
19	博覧会	万国博覧会，内国勧業博覧会，国内（地方）博覧会，テーマ博覧会，など。	
20	ミーティング	各種セミナー，株主総会，販売会，ドラフト会議，各種研修，など。	MICE の一つ。
21	コンベンション／カンファレンス	サミット，外交会議，学術会議，各種大会，学会，シンポジウム，フォーラム，アニメコンベンション，SF 大会，日本 SF 大会，SF コンベンション，など。	政府がとくに奨励している MICE の一つ。
22	式典	平和記念（祈念）式典，表彰式，周年式典，開業式典，結団式，進水式，除幕式，など。大型イベントの開会式・閉会式。	歌，ダンス，競技披露などのアトラクションを含む。
23	集会イベント	各種集会，演説会，メーデー，デモ（示威行為），団体交渉，ストライキ，大規模オフ（オフラインミーティング），など。	
24	パーティ	同窓会，披露宴，懇親会，祝賀会，政治パーティ，婚活パーティ，ダンスパーティ（「ボール」），芋煮会，歓送迎会，仮装大会，コスプレ大会，など。	
25	PR イベント	記者発表，新商品発表会，ファッションショー，メセナイベント，CSR 活動，プライベートショー，ファン感謝デー，富士総合火力演習，「サラっと一句！わたしの川柳コンクール」（旧「サラリーマン川柳」），今年の漢字，など。	
26	販促イベント	サイン会，試乗会，握手会，写真撮影会，人気投票，店頭イベント，街頭イベント，など。	B to B のプライベートショーを含む。
27	販売イベント	フリーマーケット，オークション，バザー，物産展，展示即売会，フードイベント，コミックマーケット，感謝祭，チャリティーバザー，競売会，骨董市，植木市，陶器市，など。	その場で販売が行われる。
28	ツアーイベント	ミステリーツアー，ハイキング，ピクニック，インセンティブツアー（褒賞旅行），ツーリング，巡礼，など。	インセンティブツアーは MICE の一つ。
29	チャリティーイベント	チャリティーコンサート，チャリティーショー，その他さまざまなチャリティーイベント。	
30	景観イベント	アースワーク，地上絵，人文字，イルミネーション，ライトアップ，など。	
31	社会実験，訓練	キャンドルナイト，打ち水大作戦，スポーツ GOMI 拾い，スポーツ防災，環境アート，インターネット博覧会，防災訓練，など。	社会の未来を創造するための実験的な活動。

| 32 | 事件，その他 | アポロ計画，ロケット打ち上げ，天体観測会，解散総選挙，鉄道のラストラン，人気アイドルの解散会，人気歌手の卒業式，公開処刑，有名人来日，移動遊園地，移動動物園，国葬，歩行者天国，復興祈念イベント，謎解き，アスレチック，迷路，など。 | |

（出所）宮地（2017）pp.46-48 を若干加筆修正。

5．イベント産業・エンターテインメント産業の未来

　本章では，レクリエーション産業に関連する基本的な知識を紹介するとともに，レクリエーション産業の中のエンターテインメント産業とイベント産業をとくに取り上げた。

　今後，エンターテインメント業界全体が科学の進歩を取り入れ，リアルとバーチャルを融合したイベントや施設を提供していくであろう。実際，たとえばウォーターパークは，現在，仮想現実で強化された滑り台，AI を活用した波のプール等の導入など，最先端の科学技術を取り入れて進化し続けている。

　これまでホテル，リゾート，レストラン，旅行，テーマパークなどのホスピタリティ産業は，これまでその非日常性に注目されてきた。が，現代は，バーチャルとリアルの融合によりさまざまな新しい感動体験が創出されながらも，日常生活と遊離することなく確かな価値を感じられるイベントへの期待が高まっていくのではないだろうか。

　実際，たとえば現在注目されているホテルは，豪華な装飾や高級な食事を提供してくれるところよりも，借りた部屋の中でサプライズパーティができたり，見知らぬ人と一緒に音楽や映画やディスカッションを楽しめたりするソーシャルホテル（social hotels）である。

　いずれにせよ，多様な価値観を包摂しながら，個々の人が自分らしく生きられる世界を利用者とともに創造していくようなレクリエーション，イベント，エンターテインメント，テーマパーク，ホテルがますます求められていくであろう。

結婚イベント

（出所）西武文理大学 HP.

東京ディズニーリゾート内のパレード

（出所）東京ディズニーリゾート HP.

図 7.1　さまざまなイベント

✎　発展学習（学修）　✎

1. 自身が住んでいるコミュニティのイベントにどのようなものがあるか調べてみよう。
2. 1 のイベントの中から自分が参加できるものを選んで参加してみよう。
3. 2 のイベントにおける集客方法等の改善点を提案してみよう。
4. 地元を活性化するための新しいイベントを企画してみよう。

引用・参考文献

A3 Co. Ltd.（2021）「エンタメ業界とは？　職種から将来性まで詳しく紹介」（https://column.entamejin.com/archives/3275）（2023.06.01）.

Adams, Judith A.（1991）*The American Amusement Park Industry: A History of Technology and Thrills.* Boston: Twayne Publishers.

神山智美（2021）「野外レクリエーションを支える米国の自然アクセス制に関する一考察」『企業法学研究』10(1), 17-32.

宮地克昌（2017）『わかる！イベント・プロデュース』戒光祥出版.

辞書

研究社（1980）『新英和辞典』「leisure」「recreation」.

平凡社（2005）『世界大百科事典（第 2 版）』「レクリエーション」「レジャー」.

小学館『大日本百科全書（ニッポニカ）』（『大日本百科全書』1984 ～ 1994 年をベースに毎月定期更新）「レクリエーション」「レジャー」.

小学館（2012）『プログレッシブ英和中辞典』（第 5 版）「event」.

URL

Nasta, Ben（2020）Updated Government Report Highlights Outdoor Recreation's Positive National Economic Impact and in Every State, Outdoor Recreation Roundtable. https://recreationroundtable.org/ news/ updated-government-report-highlights-outdoor-recreations-positive-national-economic-impact-and-in-every-state/（2023.11.11）.

日本生産性本部（2023）「レジャー白書（速報版）詳細資料」 https://www.jpc-net.jp/research/assets/pdf/app_2023_leisure_pre.pdf（2023.10.01）.

OfferBox「エンターテインメント業界の業界研究――現状と今後の課題や志望動機の例」https://offerbox.jp/columns/industry-analysis/30817.html（20231001）.

西武文理大学 HP「24 年目の BUNRI ブライダルは，インドネシアと日本の結婚式」 https://www.bunri-c.ac.jp/topic/news/a170（2024.01.17）.

東京ディズニー・リゾート・オフィシャルウェブサイト　https://www.tokyodisneyresort.jp/（2023.06.01）.

第 8 章

ホスピタリティ産業の現状と未来（5）——テーマパーク

◉ 本章のねらい ◉
1. テーマパークの学問的定義を説明できるようになる。
2. 世界のテーマパーク産業の現状を説明できるようになる。
3. 日本のテーマパーク産業の現状を説明できるようになる。
4. テーマパーク産業の課題とその対策を考えられるようになる。

キーワード：
park，テーマパーク，プレジャーガーデン pleasure garden，総合保養地域整備法，
ウォークスルー型テーマパーク

1．遊園地，テーマパークの定義

　経済産業省では，「特定サービス産業実態調査」の調査対象としての遊園地，テーマパーク
を次に該当するものに限定している。

遊園地：
主として屋内，屋外を問わず，常設の遊戯施設（※）を 3 種類以上（直接，硬貨・メダル・カー
ド等を投入するものを除く）有し，フリーパスの購入もしくは料金を支払うことにより施設
を利用できる事業所
※ 遊戯施設とは，コースター，観覧車，メリーゴーランド，バイキング，フライングカー
　　ペット，モノレール，オクトパス，飛行塔，ミニ SL，ゴーカートなどをいう。

テーマパーク：
入場料をとり，特定の非日常的なテーマのもとに施設全体の環境づくりを行い，テーマに
関連する常設かつ有料のアトラクション施設（※）を有し，パレードやイベントなどを組
み込んで，空間全体を演出する事業所
※ アトラクション施設とは，映像，ライド（乗り物），ショー，イベント，シミュレーショ
　　ン，仮想体験（バーチャルリアリティ），展示物の施設などをいう。

　この定義が，しばしば一般的な定義のように紹介されるが，これはあくまで統計上の定義（調
査の対象を限定するためのもの）であることに注意が必要である。テーマパークであっても入場
料をとっていないところもある。そもそも，この調査では，公園の定義を「○○公園，○○庭

園，○○公園管理事務所などと呼ばれている事業所で，入場（園）料を徴収することで入場でき，樹木，池等の自然環境を有して，娯楽を提供し，又は休養を与える事業所」としているが，これは明らかに一般的な「公園」の概念とは異なる。

　なお，2018 年の本調査の調査結果では，このような公園・遊園地・テーマパークは日本国内に 126 事業所数が存在し，48,400 人が雇用されている。市場規模としては，7,004 億円であり，48.3％の主業割合となっている（主業収入は 3,300 億円）。雇用人数に対して極めて大きな収入であり，食事や土産での収入が入場料を上回っているのが特徴である。

　本章では，入場料の有無にかかわらず，一般的に遊園地，テーマパークと考えられている施設並びに類似する施設[1]を対象とする。

2. 世界における遊園地の歴史[2]

　ここでは，近代的な遊園地の誕生と発展の略史を見る。

　近代的な遊園地の起原は，17 世紀のヨーロッパ，とりわけ英国が発祥地とされる「プレジャーガーデン」（pleasure gardens）と言われている。

　プレジャーガーデンの中でも 1661 年に開設されたロンドン・ヴォクソール地区のヴォクソールガーデンズ（Vauxhall Gardens）が，当時最大規模を誇ったことから遊園地の祖として挙げられ，多くのプレジャーガーデンがこの名前を踏襲した。

　現存する世界で最も古い遊園地とされている「バッケン」（Bakken, 正式名称デュアハウスバッケン Dyrehavsbakken（デンマーク語：丘の遊園地））（コペンハーゲン）は，1563 年に温泉を中心に発展した謝肉祭として始まり，18 世紀には私有の狩猟場から動物園へ，さらに 18 世紀に公共の遊園地へと変化したものである。

　現存する世界で 2 番目に古い遊園地は，ウィーンのドナウ川とドナウ運河に挟まれた600 ヘクタールもの広大なプラターパーク（Der Wiener Prater）内にあるプラター遊園地（Wurstelplater）である。プラターパークは，中世には皇帝の一族ハプスブルク家の狩猟場であったが，1766 年にヨーゼフ 2 世がシェーンブルン宮殿やアウガルテン宮殿の庭園などとともに一般に開放したものである。これにより市民の憩いの場として露店や屋台が集まるようになり，やがてこのプラター公園の一角に遊園地ができた。

　現存する遊園地として世界で 3 番目に古いとされるチボリ公園（Tivoli Gardens）は，デンマーク国王クリスチャン 8 世が自身の領地の公共への委譲を認めた 1843 年の勅許によって，最初は東洋趣味のプレジャーガーデン pleasure garden として誕生した。その後，デンマークのチボリ公園をまねて造園されたパリの遊園地のチボリ公園が有名となり，世界各国でパリのチボリ公園を真似た遊園地が作られるようになった。

3．テーマパークの定義と歴史

3-1．テーマパークの定義

「テーマパーク」とは，一般的には，「文化や国，時代，キャラクターなど特定のテーマに合わせて全体を演出する大規模な観光施設」（JTB 総合研究所）を指す。

だが，経営学上は若干異なった定義がされている。Liang & Li（2021）は，数多くのテーマパーク研究をレビューし，その中でもとくに Bryman（2004）に基づきながら，テーマパークを，次の 5 つの主な特徴を備えた特別な空間として定義している。この定義は，すでに存在するテーマパークからその特質を抽出したものであるため，通常の定義とは異なるが，学問的には極めて参考になる。

---

① テーマによるアイデンティティ
② アクセスが制御された閉鎖的空間
③ ハイブリッド消費※
（※ 1 つの消費が同時に異なる産業に分類される消費。
　　たとえば，テーマパーク内での食事は，レクリエーション支出であるとともに
　　かつ飲食サービスへの支出でもある。）
④ パフォーマティブ労働（劇場的パフォーマンスとなった労働）
⑤ マーチャンダイジング（ライセンスとロゴを活用した販促活動）

なお，すぐ下で述べるが，従来，英語の辞書の説明などをそのまま日本語に直し，テーマパークの定義は，「ひとつ（もしくは複数）のテーマのもとで創られた公園」などとされてきたが，テーマパークは，たとえその出自が「park」であったとしても，日本語で言うところの「公園」ではなく，アクセスが制限された閉鎖空間としての「park」に源流があることに注意が必要である。

3-2．park の意味

ここで *park* という言葉について若干補足しておきたい。

park という英語は，1200 年頃にフランス語の *parc* から英語に入ってきた言葉であり，それは，「（動物のための）*enclosure*（囲い地）」を意味していた（『研究社新英和大辞典』）。英語でも，とくに遊猟のために勅許を得て設けた囲い地を park と呼んだため，かつて park と名付けられた場所を今でも *park* と呼んでいるが，日本語の「公園」の意味ではない。ちなみに，ロンドンの中心地にある Green Park や Hyde Park も，鹿を囲うなどした狩猟場であったし，Green Park は，中世においては隣接する病院で特定の病気によって亡くなった死者を埋葬するための土地でもあった。

日本語では *park* という英語は基本的に「公園」と理解されているようであるが，小さな遊園・公園は，英語では *playground* であり，やはり *park* ではない。(以下では，日本語で「公園」と訳されてきたものは，通称どおり「公園」という訳語を使用する。) また，お化け屋敷や展示会場等，特定のテーマに基づく小規模な施設もテーマパークであり得る (Clavé 2007)。

3-3. テーマパークの歴史

1800 年代初頭，工業化とともに鉄道が生まれ，余暇を楽しむ新しい階級の消費者が娯楽を求めて遠くまで旅行することが可能となった。その結果，1850 年頃以降，海水浴場などの行楽地 (Resort Parks)，ピクニック場 (Picnic Groves)，鉄道会社のターミナル駅にある行楽地 (Trolley Parks) が出現した。これらは日本語で言うところの「公園」ではないが，それぞれ「テーマをもった一定の範囲の場所」である「Park」であった。

1895 年，プラター公園の北側の一角にヴェネツィアを模したテーマパーク「ウィーンのヴェネツィア」(Venedig in Wien) が開設された。これが世界初のテーマパークとも言われる。これは，ヴェネツィア風の水路を引き，カフェやレストラン，売店などを作り，オペレッタの舞台も上演するなど，「他国の文化を紹介する Park」として世界初めてのものであった。

1880 年代〜1950 年代にかけて，各地で本格的遊具が複数ある遊園地 (Amusement Parks) が作られただけでなく，ボードウォーク (Board Walk (木歩道)：海岸・川沿い・湖沿いなどに観光客に景色を提供するために設置され，しばしばショップ，レストラン，その他のレクリエーション施設が並んでいる，板張りの遊歩道) やプレジャー桟橋 (Pleasure Piers：沖合地域への水上アクセスを提供し，釣り，ボートのドッキング，海辺のレクリエーションに使用される桟橋) が増設されるようになった。

世界で最初のディズニーランドは，1955 年に米国カリフォルニア州アナハイム市に誕生した。遊園地で楽しいのは子どもだけで大人にはベンチくらいしか居場所がなかったというウォルト・ディズニー (Walter Elias Disney, 1901 〜 1966) 本人の実体験から，大人と子どもの両方が楽しめることが目的とされた。

その際ディズニーが参考にしたのは，カリフォルニア州オークランドに 1950 年に作られた最初の子どものためのテーマパーク「Children's Fairyland」(おとぎの世界を体験できる遊園地) と，デンマークに 1843 年に作られた遊園地チボリ公園であったと言われている。「絵本のキャラクターの衣装を来たガイド」などのフェアリーランドの要素を，自身が作ったアナハイムのディズニーランドに取り入れたという。このディズニーランドが，テーマパークの典型例を世界に提供したとされる。

最初のウォーターパークは 1977 年 1 月に開業した香港海洋公園 (2022 年に集客数で世界 20 位) であり，同年 10 月には専用ウォーターパークであるウェット アンド ワイルドウォーター ワー

ルドが米国フロリダ州オーランドに開業された。2022 年の集客数世界 8 位の中国の珠海長隆
海洋王国（Chimelong Ocean Kingdom）は 2014 年の開業，2023 年トリップアドバイザー調査で
アジア 1 位の人気となっているインドネシアのバリ島にあるウォーターパーク「ウォーターボ
ム」は，2015 年の開業である。

　今日最も先進的で人気のあるウォーターパークの一つは，ヨーロッパ最大のウォーターパー
クである Siam Park（サイアムパーク）（スペイン・カナリア諸島のテネリフェ島）である。この
ウォーターパークは，2008 年にオープンし，巨大なウォータースライダー，波のプール，か
つてのシャム王国（現在のタイ王国）の異国情緒と神秘を再現したデザインの美しい建築物で知
られている。

4．日本における遊園地・テーマパーク産業の歴史

4-1．日本最古の遊園地

　日本における最初の遊園地として挙げられているものは，文献によって異なる。浅草花やし
き，ひらかたパーク，宝塚新温泉を挙げているものが多いが，一体どれが日本初の遊園地なの
だろうか。

　どれも一理あるが，結論から言えば，最初の遊園地は，1911（明治 44）年に開業した浅草ル
ナパーク，現存する遊園地として最古のものは，1912（大正元）年に大阪の枚方市に開園した
「ひらかたパーク」ではないだろうか。ただし，「ひらかたパーク」は，浅草花やしきとは異な
り，「誕生から一度も閉園することがないため」「日本最古の（現存する）遊園地」とされてい
ることが多いが，関連資料を検討したところ，「遊園地」と名乗っている時期であっても現在
の意味の「遊園地」ではないうえ，実際には閉園している時期（戦争中に解体されて農地化され
ている時期）等があるため，「「誕生から一度も閉園したことがない」日本最古の遊園地」とは
言い難い。

　現在遊園地として人気を博している「浅草花やしき」（東京都台東区）は，江戸時代末期の
1853 年（嘉永 6 年）開園であるが，浅草花やしきが「花園」から「遊園地」になったのは浅草
花やしき自体の HP によれば 1949 年である。すると，「遊園地」としては，大正末期から昭和
初期にかけて多く誕生した遊園地よりも新しい可能性が高いと言わざるを得ない。

　もう一つの説は，1911 年 5 月 1 日に開業された「宝塚新温泉」を日本最初の遊園地とする
ものである。だが，浅草ルナパークのほうが 2 日早く開業されているうえ，宝塚新温泉は，当
初は温泉のほかにプールをもっていたが，いわゆる「遊園地」ではなく，遊園地となったのは
1924 年のことと認定されるため，浅草ルナパークのほうが遊園地としては早いと言えよう。

4-2. 高度成長期における大型遊園地の建設ラッシュ

その後二度の世界大戦を挟み，戦後，とくに高度成長期の1950年代半ばから1970年代にかけて，大型の遊園地の開設ラッシュが続いた。現在にも残る「後楽園ゆうえんち (2003年「東京ドームシティアトラクションズ」に改称)」(1955年開業)，「富士急ハイランド」(前身は1961年に開園した富士五湖国際スケートセンター。1964年に「富士ラマパーク」が開業，1969年に「富士急ハイランド」に改称)もこの時期に開設された。

日本のテーマパークの元祖とされる明治村も，この時期に誕生している。

「明治村」(正式名称：博物館明治村)は，明治時代の建造物等を移築して公開するとともに明治時代の歴史的資料を収集することによって社会文化の向上に寄与することを目的として1965年に開設された。2023年10月現在までに移築・復原した建造物の数は60を超え，この地を訪れる人々が明治の新しい形と心を発見し体験することができる学びの場・レクリエーションの場を提供している。「常磐ハワイアンセンター (1990年より「スパリゾートハワイアンズ」に改称)」もテーマパークと言えるが，明治村より1年遅れた1966年の開業である。

4-3. 1983年，日本のテーマパークのモデル：東京ディズニーランド開業

1983 (昭和58) 年の東京ディズニーランドのオープンにより日本に「テーマパーク」という言葉が定着した (JTB総合研究所) という。東京ディズニーランドの成功を受けて日本においてはその後，続々とテーマパークが開業されている。

こうした建設ラッシュを推し進めた要因の一つとして，「改正リゾート法」と呼ばれる1987年制定の「総合保養地域整備法」が挙げられる。この法律は，国の承認を受けた計画に基づいたリゾート施設建設において，税制上の支援や政府系金融機関の融資などの優遇措置が得られるというもので，ほとんどの都道府県がリゾート施設建設に手を挙げた。だが，需要を無視した計画や開発メニューの酷似などにより，多くの園が経営不振に陥るか廃業するかを余儀なくされた。

その一例として，東京ディズニーランドの開業と同じ年の1983年に開業した「長崎オランダ村」を挙げることができる。長崎オランダ村は，長崎ゆかりのオランダの街並みを再現した風景が人気となり，年に約200万人が訪れたときもあったが，1992年に，同じくオランダ村を元にしたさらに規模の大きな「ハウステンボス」が開業すると，ハウステンボスのサテライトテーマパークとして売り出したものの，次第に客足が遠のいていった。2021年5月，施設の老朽化やコロナ禍による利用者減少により休園し，2023年10月現在，休園中のままとなっている。

4-4．2001 年「東京ディズニーシー」「USJ」開園，東西二強時代へ

　1900 年代末になると「東京ディズニーランド」の集客容量がほぼ限界に達したことから新しいエリアが開発され，2001 年には，東京ディズニーランドの横に「東京ディズニーシー」が誕生した。また，同じ年に，大阪にはユニバーサル・スタジオ・ジャパン（Universal Studios Japan，以下，「USJ」という。）が開業した。USJ の経営は紆余曲折したものの，現在では，「東の東京ディズニーリゾート，西の USJ」という地位を確立している。

　しかし，これらの二大巨頭の出現により，バブル崩壊後ただでさえ逼迫していた地方のテーマパークはさらに客足が奪われる結果となり，2000 年代にはさらなる淘汰が進んだ。

4-5．ウォークスルー型テーマパークの発展

　ウォークスルー型とは，自身で歩いて進みながら見学する展示方法を指すものであり，展覧会，美術館，博物館，動物園などはすべて基本的にウォークスルー型展示である。本来のテーマパークとしては，ムーミンバレーパーク（2019 年 3 月開業），ジブリパーク（2022 年 11 月第 1 期開業），ハリーポッター・スタジオツアー（2023 年 6 月開業）などがそれにあたるだろう。

5．テーマパーク市場

5-1．世界におけるテーマパーク市場

　表 8.1 は，Themed Entertainment Association（TEA）が 2023 年に出版した 2022 年における世界のテーマパーク入場者数のランキング表である。このランキングは，2022 年においても新型コロナウイルスに関して政府当局によるさまざまな規制がある地域が残っているため順位としては 2019 年度のものを踏襲していることから，実際の入場数のランキングとは若干ずれている。

　1 位の米国フロリダ州レイクブエナビスタにある Disney World Resort の中の Magic Kingdom Theme Park，2 位の米国カリフォルニア州アナハイムにある Disneyland は実際の値と順位が変わらないが，実際の入場者数ベースで言えば，2022 年は，5 位のユニバーサル・スタジオ・ジャパンが，3 位の東京ディズニーランドと 4 位の東京ディズニーシーを抜いている。

　それ以上にここで特筆すべきことは，1 位から 16 位までが，8 位の中国の広東省珠海市にある珠海長隆海洋王国（Chimelong Ocean Kingdom：現存する世界最大の水族館。マカオ市に隣接する経済特区に存在）を除いて，ディズニー系とユニバーサル系の 2 つのテーマパークに独占されているという事実である。

　トップ 25 のテーマパークの集客数が，世界にある無数のテーマパークの集客総数に占める割合は 78％である。いかにトップ 25％のテーマパークの集客力が強大であるのかがよくわかる。また，地域別の集約数の 1 位は米国フロリダ州（6 パーク）の 6,880 万人，2 位は日本（4 パー

表8.1　世界のテーマパーク入場者数ランキング（2022年）

	テーマパーク	国	地域	前年からの増減比(%)	2023年入場者数	2019年入場者数
1	マジックキングダム at ウォルトディズニーワールドリゾート	米国	レイクブエナビスタ	35	17,133	20,963
2	ディズニーランド at ディズニーランドリゾート	米国	カルフォルニア州アナハイム	97	16,881	18,666
3	東京ディズニーランド	日本	千葉	90	12,000	17,910
4	東京ディズニーシー	日本	千葉	74	10,100	14,500
5	USJ	日本	大阪	125	12,350	14,500
6	ディズニーアニマルキングダム at ウォルトディズニーワールドリゾート	米国	レイクブエナビスタ	25	9,027	13,890
7	エプコット at ウォルトディズニーワールドリゾート	米国	レイクブエナビスタ	29	10,000	12,444
8	珠海長隆海洋王国	中国	広東省	-41	4,400	11,736
9	ディズニーズハリウッド	米国	フロリダ	27	10,900	11,483
10	上海ディズニーランド	中国	上海	-38	5,300	11,210
11	ユニバーサルスタジオズフロリダ	米国	オーランド	20	10,750	10,922
12	ユニバーサルズアイタランズオブアドベンチャー	米国	オーランド	21	11,025	10,375
13	ディズニーカリフォルニアアドベンチャーパーク at ディズニーランドリゾート	米国	カルフォルニア州アナハイム	91	9,000	9,861
14	ディズニーランド・パリ	仏国	パリ	184	9,930	9,745
15	ユニバーサル・スタジオ・ハリウッド	米国	カリフォルニア	53	8,400	9,147
16	エバーランド	韓国	ソウル	56	5,770	6,606
17	ロッテワールド	韓国	ソウル	84	4,520	5,953
18	ナガシマスパーランド	日本	三重	17	4,200	5,950
19	ヨーロッパパーク	独国	ルスト	100	6,000	5,750
20	香港海洋公園	香港		0	1,400	5,700
21	香港ディズニーランド	香港		21	3,400	5,695
22	エフテリング	蘭国	北ブラバンド	65	5,430	5,200
23	ウォルトディズニースタジオパーク	仏国	パリ	183	5,340	5,245
24	北京歓楽谷	中国	北京	-24	3,740	5,100
25	長隆歓楽世界	中国	広東省	-41	2,300	4,905
	トップ25のテーマパーク計			41	198,696	263,724
	トップ25のテーマパークの集客数が，世界全体の集客総数に占める割合					78 %

（出所）Themed Entertainment Association（TEA）（2023）pp.14-15.

ク）の3,870万人，3位は米国カリフォルニア州（3パーク）の3,420万人，4位は中国（4パーク）の1,570万人，5位はフランス（2パーク）の1,530万人である。米国は，フロリダ州とカリフォルニア州を合算すると年間で1億人を超える圧倒的な集客となっている。

表 8.2　Trip Advisor による日本テーマパークランキング（2023 年）

順位	テーマパーク	場　所	コメント数	利用者からの評価	備　考
1	東京ディズニーランド	千葉	6,997	4.5	
2	USJ	大阪	10,887	4.0	
3	東京ディズニーシー	千葉	6,438	4.5	
4	アドベンチャーワールド	和歌山	1,455	4.5	
5	東南植物園	沖縄	594	4.5	
6	富士急ハイランド	山梨	1,311	4.0	
7	ハウステンボス	長崎	2,225	4.0	
8	白い恋人パーク	札幌	1,541	4.0	
9	鴨川シーワールド	千葉	915	4.5	
10	横浜・八景島シーパラダイス	横浜	1,063	4.0	
11	日光江戸村	栃木	680	4.0	
12	ナガシマスパーランド	三重	634	4.5	
13	東京ドームシティ	東京	761	4.0	
14	よこはまコスモワールド	横浜	685	4.0	
15	サンリオピューロランド	東京	608	4.0	
16	東武ワールドスクエア	栃木	4,586	4.0	
17	新横浜ラーメン博物館	横浜	1,020	4.0	全国のラーメン屋店が集合したところ
18	天橋立ビューランド	京都	460	4.0	天橋立が展望できる展望台・遊園地・レストラン
19	ふなばしアンダーセン公園	千葉	310	4.0	
20	志摩スペイン村	三重	489	4.0	

（出所）Trip Advisor（2023）より作成.

5-2．日本におけるテーマパーク市場

　綜合ユニコムの『レジャーランド＆レクパーク総覧2023』を見ると，遊園地・テーマパークのランキングの対象として，動物園，植物園，博物館・美術館・科学館なども含まれている。これらも，テーマパークの定義に当てはまるからである。実際，近年は，さらに図書館や各種遺跡（たとえば，城跡，古墳，鉄道遺跡等々）をテーマパーク化しようとする動きもあるように，テーマパークの範疇は広がる傾向にある。

　さまざまな公共の施設自体がますます多目的化・多機能化・複合化していること，そしてそのような複合施設こそが人気を博していることが目立っている。

　なお，表8.2は，Trip Advisorにおける2023年の日本のテーマパークのランキングである。これは海外からの来場者も含めてコメントや満足度等からトリップアドバイザーが計算して出したものである。集客数も重要であるが，満足度を向上させていく地道な努力が必要と言えよう。

6. 遊園地，テーマパークの未来

　第6章でも述べたが，今後，遊園地もテーマパークも，業界全体が科学の進歩を取り入れ，リアルとバーチャルを融合したイベントや施設を提供していくであろう。

　一方で，自然への回帰も求められている。たとえばムーミンバレーパーク（埼玉県飯能市）には目立ったアトラクションがないものの，自己と向き合える優雅な時間がそこで流れていることにやがて人々は気が付くであろう。

　いずれにせよ，ホテル業界と同様に，多様な価値観を包摂しながら，個々の人が自分らしく生きられる世界を利用者とともに創造していくような遊園地やテーマパークが，今後ますます求められていくであろう。

注

1) 経済産業省の「特定サービス産業実態調査」では，次のような業務を行う事業所は本調査の対象としていない。本章では，これらの事業所も眼中に入れている。
　①ゲームセンター，百貨店の屋上の遊戯施設等
　②動物園，植物園，水族館，観光牧場，スポーツランド（総合運動施設）で〔本調査における〕遊園地・テーマパークの定義に該当しない事業所
　③博物館及び博物館相当施設に指定されている施設（産業博物館，天文博物館など）
　④美術館，宝物館，歴史民族資料館，郷土資料館などの博物館類似施設
　⑤オルゴール館，人形の家，クアハウス（温浴総合健康増進施設），スパ（「Spa」＝「療養温泉」），健康ランド等
　⑥国や地方公共団体等の施設で，国や地方公共団体等が直接管理・運営を行っている施設（「国民公園」等）
　⑦入場料無料の公園
　⑧キャンプ場
2) 世界における遊園地の歴史については，とくに断りがない限り，The Park Database の A History of Theme Park の記事及びそれぞれの施設の HP の情報に基づいている。

🖉　発展学習（学修）　🖉

1. テーマパークの園内で働いている人は，ほとんどが非正規雇用だと言われている。どうしたら自身が正規雇用で採用されるだろうか。また，正規雇用を増やす方法を考えてみよう。
2. 実際に近くのテーマパークに行き，改善点を挙げてみよう。
3. 2と類似しているテーマパークに行き，比較研究してみよう。
4. 遊園地やテーマパークにおける新しいサービスを考案してみよう。

引用・参考文献

Adams, Judith A. (1991) *The American Amusement Park Industry: A History of Technology and Thrills.* Boston: Twayne Publishers.

Bao, J. G. (2016) "Theme park." In Jafari J., Xiao H. G. (Eds.) *Encyclopedia of tourism* (pp.939–940). Springer.

https://doi.org/10.1007/978-3-319-01384-8_199（2023.10.10）.

Bryman, A.（2004）*The Disneyization of Society*, Sage.（= 2008，能登路雅子監訳『ディズニー化する社会——文化・消費・労働とグローバリゼーション』明石書店）.

Clavé, S. A.（2007）*The global theme park industry*. *CABI* books.　https://doi.org/10.1079/9781845932084.0000（2023.10.10）.

Liang, Z. X.（2019）*Theme park and urban development in contemporary China*, Science Press.

Liang, Zeng Xian and Li, Xiang（Robert）（2021）"What is a Theme Park? A Synthesis and Research Framework," *Journal of Hospitality & Tourism Research*, Dec 29, 2021. https://doi.org/10.1177/10963480211069173（2023.10.10）.

Milman, A.（1988）"Market identification of a new theme park: An example from Central Florida." *Journal of Travel Research*, 26（4）, 7-11.　https://doi.org/10.1177/004728758802600402（2023.10.10）.

Themed Entertainment Association（2023）TEA/AECOM 2022 Theme　Index and Museum Index: The Global Attractions Attendance Report　https://aecom.com/wp-content/uploads/documents/reports/AECOM-Theme-Index-2022.pdf（2023.10.02）.

The Park Database（2023）History of Theme Parks.　https://www. theparkdb.com/blog/history-of-theme-parks/（2023.10.10）.

Trip Advisor（2023）Theme Parks in Japan　https://www.tripadvisor.com/Attractions-g294232-Activities-c52-t98-Japan.html（2023.10.10）.

橋爪紳也（2000）『日本の遊園地』講談社現代新書.

阪急アミューズメントサービス（2012）「宝塚ガーデンフィールズの営業終了について」（2012 年 9 月 27 日）https://web.archive.org/web/20131108130734　/http://www.gardenfields.jp/info/20120927_2553/（2023.10.10）.

本川裕（2023）『社会実情図録』　https://honkawa2.sakura.ne.jp/7223.html（2023.10.01）.

人事興信所編（1915）『人事興信録　4 版』人事興信所「河浦謙一」　https://dl.ndl.go.jp/pid/1703995/1/348（2023.10.10）.

加藤達朗（2021）「多様化が進む遊園地・テーマパークの現状と展望」『ぶぎんレポート』3（252），8-15.

経済産業省（2018）『平成 30 年特定サービス産業実態調査報告書　公園，遊園地・テーマパーク編』.

中島恵（2011）『テーマパーク産業論』三恵社.

日本生産性本部（2023）「レジャー白書（速報版）詳細資料」　https://www.jpc-net.jp/research/assets/pdf/app_2023_leisure_pre.pdf（2023.10.01）.

奥野一生（2012）『新・日本のテーマパーク研究』竹林館.

新聞集成明治編年史編纂会編（1940）『新聞集成明治編年史　第 14 巻』林泉社　https://dl.ndl.go.jp/pid/1920445/1/226　（2023.10.10）.

綜合ユニコム（2023）『レジャーランド＆レクパーク総覧』総合ユニコム.

辞書

JTB 総合研究所，観光用語集「テーマパーク」　https://www.tourism.jp/tourism-database/glossary/theme-park/（2023.10.10）.

研究社（1980）『新英和大辞典（第 5 版）』「leisure」「recreation」.

URL

浅草花やしきの HP　https://www.hanayashiki.jp/our-history/（2023.10.10）.

Bakken の HP（英語版）　https://www.bakken.dk/english/（2023.10.10）.

Children's Fairyland の HP　https://fairyland.org/（2023.10.10）.

Gardens of Tivoli（Villa d'Este）　https://whc.unesco.org/en/list/1025（2023.10.10）.

博物館明治村の HP　https://www.meijimura.com/（2023.10.09）.

メーキング・オブ・ハリーポッターの HP　https://www.wbstudiotour.jp/about/（2023.10.09）.

三井住友トラスト不動産「宝塚新温泉御案内図」　https://smtrc.jp/town-archives/city/nishinomiya/p06.html（2023.10.10）.

三井住友トラスト不動産「「箕面有馬電気軌道」の開業と宝塚の発展」　https://smtrc.jp/town-archives/city/nishinomiya/p07.html（2023.10.10）.

ムーミンバレーパークの HP　https://metsa-hanno.com/（2023.10.02）.

OfferBox「エンターテインメント業界の業界研究──現状と今後の課題や志望動機の例」　https://offerbox.jp/columns/industry-analysis/30817.html（2023.10.01）.

The Park Database の HP　https://www.theparkdb.com/（2023.10.09）.

Tivoli Gardens の HP　https://thinkcopenhagen.com/tivoli-gardens/（2023.10.10）.

東京都公文書館（Web 版公文書館）ルナパーク関連資料　https://www.soumu.metro.tokyo.lg.jp/01soumu/archives/0701syoko_kara12.htm（2023.10.10）.

参考

遊園地の起源

年	出来事	名　称	備　考
17 世紀	ヨーロッパにおける「近代的遊園地の起源」の誕生（英国が代表格）	プレジャーガーデンズ pleasure gardens（一般名詞） プレジャーガーデンは，次の三つの要素から成り立っている庭： ①娯楽のためのプレジャーグラウンド（pleasure ground） ②鑑賞のために植えられた観葉植物 ③散歩用の小道	プレジャーグラウンドには，レクリエーションや娯楽のためにコンサートホール／ステージ，遊園地，動物園／動物舎などのさまざまなアトラクションを備えて娯楽の場として機能している点が，一般的な「庭園」とは異なる。
1661 年	英国ロンドン・ヴォクソール区における「遊園地の祖」の誕生	ヴォクソールガーデン Vauxhall Garden（一般名詞化）（1661 年〜 1859 年）	
18 世紀	デンマーク・コペンハーゲンにおける「現存する世界最古の遊園地」の誕生	バッケン遊園地（1563 年に温泉を中心に発展した謝肉祭として始まり，18 世紀には私有の狩猟場から動物園へ，さらに 18 世紀に公共の遊園地化）	入場料無料。アトラクションは別途個別料金。 現在，ここでは毎年 7 月 24 日にサンタクロース国際会議が開催され，グリーンランドやデンマークを含む北欧諸国だけでなく，欧州諸国，米国，日本からも公認のサンタクロースが参加することで有名である。
1766 年	ドイツ・ウィーン・プラターにおける「現存する世界で 2 番目に古い遊園地」の誕生	プラター遊園地（Wurstelplater）：現存する世界で 2 番目に古い遊園地（中世には皇帝の一族ハプスブルク家の狩猟場であったが，1766 年にヨーゼフ 2 世がシェーンブルン宮殿やアウガルテン宮殿の庭園などとともに一般に開放したプラターパーク内にある。）	3 月〜 11 月までオープン。入場料は無料。アトラクションは別途個別料金。 なお，心理学者のアルフレッド・アドラー（Alfred Adler, 1870 〜 1937）は，このプラター遊園地で働く空中ブランコなどの軽業師や大道芸人たちの治療を行うことを通して，「劣等コンプレックス」という概念を生み出したとされている。
1843 年	デンマーク・ティボリにおける「現存する世界で 3 番目に古い遊園地」の誕生	チボリ公園（Tivoli Gardens）	

テーマパークの起源

年	出来事	名　称	備　考
1850 年頃 ～	Resort Parks, Picnic Groves, Trolley Parks の誕生		1850 年頃以降，海水浴場などの行楽地（Resort Parks），ピクニック場（Picnic Groves），鉄道会社のターミナル駅にある行楽地（Trolley Parks）が出現した。
1895 年	世界最古のテーマパークの誕生	世界最古のテーマパーク：「ウィーンのヴェネツィア」（プラター公園内）	
1880 年代 ～ 1950 年代	多くの Amusement Parks（遊園地），Board Walk（板張りの遊歩道），Pleasure Piers の出現		
1940 年	世界初の子どものためのテーマパーク誕生	カリフォルニア州オークランドに 1950 年に作られた「Children's Fairyland」（おとぎの世界を体験できる遊園地）	
1955 年	世界初の現代的テーマパークの誕生	最初のディズニーランドが，米国カリフォルニア州アナハイム市に誕生	世界初の子どものためのテーマパークである「Children's Fairyland」とデンマークに 1843 年に作られた遊園地チボリ公園を参考に作られたという。
1977 年	現代的ウォーターパーク，の誕生	最初のウォーターパークは，1977 年 1 月に開業した香港海洋公園。同年 10 月には専用ウォーターパークであるウェット アンド ワイルド ウォーター ワールドが米国フロリダ州オーランドに開業。	

宝塚新温泉の歴史

年　代	出来事	備　考
1910（明治 43）年	当時箕面（みのお）有馬電気軌道（現・阪急電鉄）の専務であった小林一三（いちぞう）（1873（明治 6）～ 1957，阪急電鉄をはじめとする阪急東宝グループ（現・阪急阪神東宝グループ）の創業者）は，1910（明治 43）年に開業した同軌道の乗客を増やすため，沿線で住宅開発を行うとともに，箕面に箕面動物園，宝塚に宝塚新温泉を開設。	宝塚新温泉の目玉施設として設置されたのが屋内プールだったが，この屋内プールは温水を用いず，また，風紀上の理由から男女別としたため利用客数は伸びなかった。
1913（大正 2）年	小林は，目玉施設のプールを劇場として再利用することを思いつき，プール・見物席を客席，脱衣場を舞台として，1913（大正 2）年に「宝塚唱歌隊」を編成。	「宝塚少女歌劇団」の起源となる。
1914（大正 3）年	「宝塚唱歌隊」の初の公演。	
1924 年	「大劇場」「動物園」などをもつ遊園地となっていった。	

（資料）三井住友トラスト不動産の資料（「「箕面有馬電気軌道」の開業と宝塚の発展」）より作成。

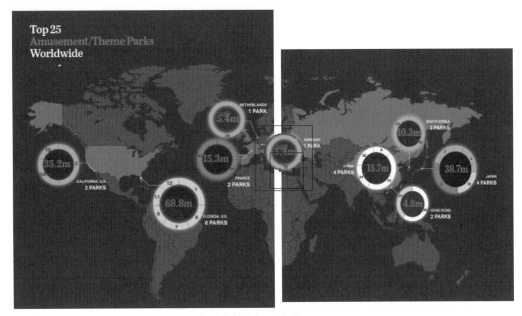

（出所）Themed Entertainment Association（TEA）（2023）pp.16–17.

世界におけるテーマパーク市場

第 9 章

ホスピタリティ産業の現状と未来（6）
──ウェルネス産業

👁　本章のねらい　👁

1. 「ウェルネス」, 「ハイレヴェルウェルネス」の意味を説明できるようになる。
2. 「ウェルネス」, 「ヘルス（健康）」, 「ウェルビーイング」の間の違いを説明できるようになる。
3. 世界のウェルネス産業の現状を説明できるようになる。
4. ウェルネス産業の新しいサービスの在り方を考案できるようになる。

キーワード：
健康 health, ウェルネス wellness, ウェルビーイング well-being,
ハイレヴェルウェルネス high-level Wellness, フィットネス fitness

---

1. 「ウェルネス」と「ウェルネス産業」の意味

　「ウェルネス」とはどういう意味なのであろうか。

　『ステッドマン医学大事典（第6版）』（2008年）の“wellness”の項は, 「健全」と日本語に置き換えた後, 「健康は単に病気がないということでなく, その肉体的および精神的な能力を最大限発揮するという考え方に基づく生命および個人的な衛生に関する哲学」という説明が付与されている。また, それは, 「積極的態度, フィットネス訓練[1], 低脂肪高繊維食, および非健康的生活習慣（喫煙, 薬物, およびアルコールの乱用, 過食）の排除によって達成される」という。

　「ウェルネス産業」の条件は, 身体能力だけの向上に資するのではなく, 人間の心と体を切り離さずに捉え, 総合的な健康を増進することにより, 世界保健機関（World Health Organization: WHO）が捉える健康概念を超えて, 顧客が, 業務上でも, 家族の中でも, 個人的な生活上でも, さまざまな側面において自分らしく自身の能力を最大限に発揮している状態に近づき続けることを支援することにある。その意味で, ウェルネス産業とは, 「より健康的で幸せで長生きできる機会を積極的に支援する産業」とも言えよう。このようにウェルネス産業を定義すると, 医療産業も広義のウェルネス産業に含まれるとも言える。ただし, 取り急ぎ注意を喚起しておくが, ウェルネス産業は余暇時間を利用しての自己の再生活動であるのに対し, 医療産業は余暇時間の利用ではない点において別の産業である。

2. ホスピタリティ産業再考——なぜウェルネス産業や医療産業はホスピタリティ産業なのか

　これまでの章において議論したように，欧米では，その歴史的背景から飲食・宿泊業を中心としてホスピタリティ産業と呼んできた。ホスピタリティ概念を欧米から輸入した日本においても，飲食・宿泊業は，ホスピタリティ産業の中心的存在と捉えられている。だが，いずれの場合においても，ホスピタリティ産業がホスピタリティ産業である理由は，サービスの内容よりも，その事業の目的のほうにある。

　ホスピタリティ事業の目的は，そこで過ごす顧客の時間の経済的価値を上げることにある。ホスピタリティ事業者は，その結果として，顧客に自社の事業のリピーターになってもらうことを目指している。このような特徴から，近年では，とくに飲食を伴わなくとも芸能やエンターテインメント産業もホスピタリティ産業に分類されている。ウェルネス産業と医療産業も，この定義によれば，ホスピタリティ産業であると言える。

　このような視点から，ホスピタリティ産業は，**表9.1** のように大きく3つに分けることもできる。

表9.1　ホスピタリティ産業の新しい区分

	区　分	産業の代表例	提供するもの
1	伝統的ホスピタリティ産業	飲食・宿泊産業	明日を輝いて生きる活力／High-level Satisfaction
2	近代的ホスピタリティ産業	芸能・エンターテインメント産業	「今」を輝いて生きる活力／Happiness
3	現代的ホスピタリティ産業	ウェルネス産業，医療産業	人生を輝いて生きる活力／High-level Wellness

（出所）筆者作成。

3. ウェルネス論の原点としての High-Level Wellness 論

　英語の 'wellness' という単語自体は，決して新しい言葉ではない。*Oxford English Dictionary*：*OED*（1989）には，「体調の良い状態，あるいは良い健康状態」と定義され，実際に使われた例として，1654 年の Johnson 卿の日記にある「娘の体調がよいこと（wealness = wellness）を神に祈った。（I …blessed God… my daughter's wealness.）」を始め，中世，近世，現代に渡ってこの言葉がさまざまな文献の中で使用された多くの例が挙げられている。

　だが，新しい Wellness 概念が Halbert L, Dunn（ハルバート・L・ダン 1896 ～ 1975）[2]によって提唱されたことは間違いないようである。Dunn の *High-Level Wellness: a collection of twenty-nine short talks on different aspects of the theme*（1961）は，wellness に関する講演等でそれまでに Dunn が述べた内容（Dunn　1957, 1959a, 1959b, etc.）を中心としてまとめたものであるため，Dunn のウェルネス論の初期の頃の代表作といえる。

　現在，多くの wellness 研究者や wellness 運動のリーダーたちは，Dunn（1961）の議論を継承しながらも，さまざまな議論を展開している。だが，それらはいずれも魅力的かつ説得的であるものの，Dunn（1961）の議論とは相容れない部分もある。そこで，以下では原点の Dunn（1961）による High-level wellness に関する議論の要点を紹介することにより，読者一人一人の wellness 論のベースを提供したい。

3-1. high-level wellness 概念の誕生の背景

（1）単一な状態を指す wellness 概念へのアンチテーゼ

　Dunn（1961）は，まず次のように指摘する。

　　彼ら〔医師や看護師などの医療従事者たち〕の訓練が，ポジティブな（あったほうがよいものとしての）wellness ではなく，病気のほうに向けられているため，彼らは wellness よりも病気のほうに興味を持つ。さらに，wellness の状態をより良くすることよりも，病気と闘うほうが容易い。結局は，人々——医療従事者たちの患者——も，良くなること，病気から解放されることを望む。つまり，全ての人が〔医療従事者も患者も〕たいてい，wellness とは〔「病気ではない状態」という〕単一の均一の状態であると見做している。良くなることをこのように見ている限り，さらに良くなることを気に掛ける必要があるだろうか。よくなることが一つの状態であるなら，さらに良くなることなど意味がないのである。(Dunn 1961：3)

　言うまでもなく，この Dunn の最後のほうの言葉は反語である。良い状態というのは一つの状態ではないので，さらに良くなることが大切である，という意味である。このようにして Dunn（1961）の high-level wellness という概念が誕生した。まずもって high-level wellness 概念は，wellness の状態にもレベルがあることへの認識を持つことを促すためのものであったと言えよう。

　この意味で，Dunn（1961）の提唱する「個人の high-level wellness」という概念は，「個人ができることを最大限にすることを目指す統合的機能改善法」と定義することができる（Dunn 1961：4）。

（2）静的な wellness 概念へのアンチテーゼ

　OED の wellness の項に「どちらかといえば，*illness* のような〔ある程度の期間続く〕一定の状態を指すのではなく，その時々の状態を指す言葉」という説明が付加されているように，wellness は *illness* の対義語ではない。（あくまで *illness* との比較にすぎないが，そのときの具合の

悪さを言う sickness の対義語であろう。)

Wellness は，静的な状態を指している illness の対義語ではなく，静的な状態を指している言葉ではない，というのが Dunn（1961）の主張である。その特徴においても一生を通じて変化し続け，その間継続して人生と相互関係があるものである（Dunn 1961：3）。すなわち，概念としての high-level wellness は，高い質の well-being を達成するためにその時々のさまざまな側面の wellness のレベルを高めていく動的な概念であると言えよう。

（3）基本的に人間の状態だけを表す wellness 概念へのアンチテーゼ

wellness という言葉を人間や動物以外に使用したのは Dunn（1957 等）である可能性さえある。とくに「「Environmental wellness」という表現は奇妙に聞こえるであろう」と本人も述べているからである（Dunn 1961：180）。なぜなら，環境が well であるとか sick であるとか人々は考えないからであると。しかし，High-level wellness を含む wellness は，Dunn においては，人間だけでなく，社会やコミュニティや自然環境が良い状態を指す言葉でもある。

3-2．個人の Wellness と社会の Wellness との新しい関係性

一人一人の人間の high-level wellness は，社会の high-level wellness が必要であり，また逆に，社会の high-level wellness を実現するためには一人一人の人間の high-level wellness が不可欠であるという。この場合の社会とは，家族やコミュニティなどの集団や環境といった中間レベルの社会だけでなく，国や世界などのマクロレベルの社会の両方を指す。社会のウェルネスはその社会のすべての構成員のウェルネスのうえに成り立っている。

現在展開されているウェルネス論の多くでは，人間のウェルネスを構成する側面として家族，コミュニティ，社会などが存在している。だが，Dunn（1961）のウェルネス論では，それだけではなく，一人の人間のウェルネスが，家族，コミュニティ，社会自体のそれぞれのウェルネスに影響を与えることも重視される（Dunn 1961：176）。

「人，家族，コミュニティにおける high-level wellness の概念は，病気，不和，連帯の崩壊という点で私たちが現在闘っている多くの事柄の予防的側面の存在を明らかにしている。それぞれが部分的によければよい，というだけでは乗り越えることができないが，総合的なウェルネスをより高いレベルに引き上げることによって，その社会的課題の解決に近づくことができる」と Dunn（1961）は言う（p.7）。

3-3．Well-being と Wellness の関係

well-being と wellness の関係については，とくに wellness という言葉の Dunn の使い方が一般の使い方と違うことから，Dunn のものと他の研究者の間に離齬が見られる。すなわち，

多くの研究者は，一人の人のさまざまな側面の well-being が統合されてその人の wellness が成り立つと考えるのに対し，Dunn は，さまざまな社会（家族，コミュニティ，社会，国家，その他職場や趣味・ボランティア活動のサークルなど）の wellness が個人の wellness と相互影響し，最終的に個人の well-being が達成すると考えるのである（表 9.2，図 9.1）。

　一方，WHO の健康の定義では，身体的（physical），心的（mental），社会的（social）な well-being が揃って初めて健康であるとしており，health の構成要素はそれぞれの側面の well-

表 9.2　さまざまな Wellness と個人の Well-being の関係

	構成要素 or 影響されるもの	説　明	備　考
①個人的 Wellness （INDIVIDUAL WELLNESS） ≒ good health	身体的ウェルネス （Physical Wellness）	肉体上のウェルネス	④個人の Wellness （Wellness of a person） ＝（①＋②）×③ ※個人の wellness は，狭義では①と②から構成されるが，③によっても大きく影響される。 Dunn（1961）の Interpersonal Wellness は，一般的には「社会的ウェルネス Social Wellness」とも言われる。ただし，Dunn（1961）では Social Wellness という言葉は基本的に社会の Wellness を指している。
	メンタルウェルネス （Mental Wellness）	メンタル（脳の働き）上のウェルネス。自己認識や課題解決のための想像力，適正な行動を選択する価値観（判断力）も含まれる。	
	精神的ウェルネス （Spiritual Wellness）	頭で考える部分ではなく，体と一体化した心的作用と考えられる。	
	対人上のウェルネス （Interpersonal Wellness）	一般的には社会的ウェルネスとも言われる。	
②ミドルレベルの社会の Wellness （SOCIAL WELLNESS）	家族のウェルネス （Family Wellness）	ここの Social Wellness は，家族，コミュニティなどの身近な集団組織自体のウェルネス。	
	コミュニティのウェルネス （Community Wellness）		
	その他，所属サークル，グループ，職場，学校，教会等のウェルネス		
	環境のウェルネス （Environmental Wellness）	環境のウェルネスは，Dunn（1961）では，主として自然環境を指している。	
③マクロレベルの社会の Wellness （SOCIAL WELLNESS）	社会を構成する一人ひとりの個人的 well-being から成る。	ここの「社会」は，国や世界を指す場合もある。	
⑤個人の Well-being （Well-being of a person）	個人の Wellness （①と②の統合物）		
	職業的，経済的，政治的，文化的 Well-being		
	③と④によっても大きく影響される。		

（出所）Dunn（1961）の文章を表化。

being としている。なお，WHO の現時点での定義には，spiritual という言葉は宗教上の霊的という意味もあるために使用されていないが，Dunn は spiritual という言葉を使用している。体と一体化した深い心のありようを指しているものだと考えられる。

3-4. high-level wellness の定義

（1）high-level wellness とは

Dunn（1961）はその著書の中でさまざまな表現で high-level wellness という言葉を説明している。最も端的に表現しているものは，「自己のもつ能力を最大限に発揮しながら生きている状態（high-level wellness means functioning at a level of high potential.）（Dunn　1961：142）」であろう。

なお，Functioning という単語は，「機能すること」という意味であるが，具体的には「人間が自らの持つ能力を発揮すること」を意味している。

（2）high-level wellness の構成要素

High-level wellness は，次の 3 つから構成される（Dunn 1961：9, 159）。

①より高い機能状態を目指すこと　　　（direction in progress）

②より豊かな能力の獲得を目指すこと（expansion to a fuller potential）

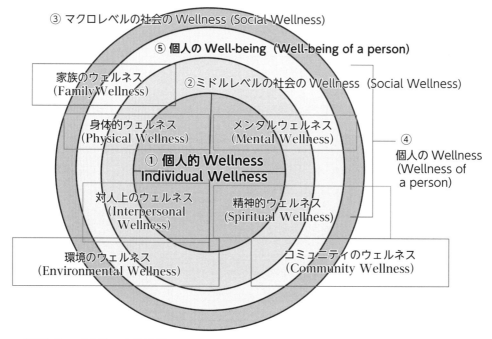

（出所）Dunn（1961）の文章を図化。

図 9.1　Wellness と Well-being の関係

③人間存在の全ての側面を統合して機能を発揮すること

（integration in the functioning process）

　これを図に表すと図 9.2 のようになろう。High-level wellness とは，「高さ」と「横軸への広がり」と「奥行」を有する概念というわけである。

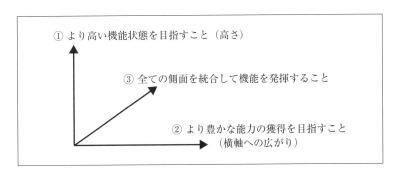

① より高い機能状態を目指すこと（高さ）

③ 全ての側面を統合して機能を発揮すること

② より豊かな能力の獲得を目指すこと（横軸への広がり）

図 9.2　high-level wellness の構成要素

（3）個人的 high-level wellness と人間性との関係

　個人的 high-level wellness は，人間性と次の5つの点で大きく関わっているという（Dunn 1961：10）。

①全体性（totality：人が全体的な人格として機能するということ）

②エネルギー（energy：身体は組織化されたエネルギーの現れであるため，人の独自性はその人が自由に使用できるエネルギーで規定されるということ）

③独自性（uniqueness：全世界でその人のような人は他にいないということ）

④内外環境との相互関係（the inner and the outer worlds）

⑤自己統合（self-integration）。

　このことに関して，A. マズロー（Abraham Harold Maslow, 1908-1970, 米国の人間性心理学者）の欲求の5段階説との関係で health と wellness を説明している議論を多く見かける。健康 health は1段階目の生理的欲求と2段階目の安全の欲求が満たされた時に達成されるとし，ウェルネス wellness は，その上の段階の，所属と愛の欲求，承認欲求，自己実現の欲求が満たされた時に達成される，とするものである。それ自体は大変わかりやすい説得力の高い比喩である。だが，この考え方は，Dunn（1961）の説明とは若干異なる。

　まず，Dunn（1961）は，要素ごとの段階的成就には反対の立場であり，Wellness となるためには，それに必要なすべてのことが同時に満たされている必要があると主張している（図 9.3）。

　また，そもそも，健全であるとうことと，欲求が満たされるということとは，別の概念である。Dunn（1961）は，人間の身体を「組織化されたエネルギーの現れ」であり，エネルギーが

流れることによってさまざまな側面の「全体性」として機能する，とみる。目標は，高いレベルにおけるエネルギーの平衡状態であり，high-level wellness かつ well-being である心身の調和がとれた生のありようである。

　基本的欲求（生理的欲求と安全の欲求）が満たされてエネルギーがある程度の量となれば，医学的には wellness の状態となる。WHO の定義による健康 health は，これに社会的にも健全であることが必要である。しかし，所属と愛の欲求（俗に社会的欲求）が満たされることと，社会的に健全であることとは，それぞれの意味の理解の仕方にもよるとは思うが，やはり別のことではないだろうか。マズローの所属と愛の欲求は，人とのつながりを求める欲求であるが，社会的に健全である，というのは，ただ単に人と関係性を結んでいることだけではなく，その人間関係の質にまで関係する考え方である。また，社会的に健全であるということは，良好な人間関係を築いていることを超えて，経済的にも健全であり，年齢に応じて何らかの形で社会に貢献している状態さえ含む可能性がある。

　もちろん，この中には他のものよりも先行しなければならないものや重要性が高いものもある。たとえば，Dunn（1961）は，自分を愛せない人は他者を愛せるはずがないという（p.132）。また，自己の統合こそが high-level wellness には最も重要であり（Dunn 1961：142），エネルギーが自己の望むところに流れることができるよう心身のバランスがとれているときに自己の統合が達成でき，最終的に求める心身の均衡の状態 equilibrium を得ることができるという（Dunn 1961：135）。

　そして，この equilibrium は，次の過程を経てさらなる高みに達する。

　Dunn（1961）は，自己の統合方法について，「自己をよりよく知り，広い心を保ち，心にひっかかった矛盾に照らして自身の信念や実践を継続的に再検討するよう日々努めなさい。」という（p.146）。

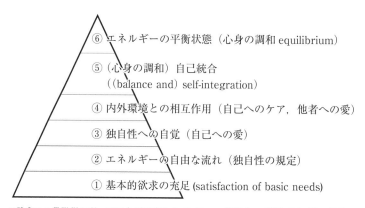

⑥ エネルギーの平衡状態（心身の調和 equilibrium）

⑤（心身の調和）自己統合
　　（(balance and) self-integration）

④ 内外環境との相互作用（自己へのケア，他者への愛）

③ 独自性への自覚（自己への愛）

② エネルギーの自由な流れ（独自性の規定）

① 基本的欲求の充足 (satisfaction of basic needs)

　（注）マズローの欲求の5段階説に習って三角形で表したが，Dunn（1961）の説明では，①～⑤までの5つの要素は，high-level wellness を達成するためにすべて同時に満たされることが必要とされる。
　（出所）Dunn（1961）の文章を図案化。

図 9.3　個人的 High-level wellness を達成するための必要な要素

High-level wellness は，達成された状態ではなく，達成されつつある過程であり，人はさらなる成熟を目指して成熟しつつある存在なのである。それは human being と名付けられた人間が，いつであっても human（人間）になりつつある存在であるようである。

3-5．社会的 Wellness の構成物

（1）家族のウェルネス（Family Wellness）

家族は，子どもを育て，とくに青年期や大人の居場所を提供して感情を安定させるという2つの機能を持っている。健全な家族がなければ，個人も社会的集団も high-level wellness を達成することが難しい。家族はこれら2つの目的のための環境を提供することよって，子どもであっても大人であっても現在小児科，一般医療，精神科サービスを必要としている緊張や不適応の多くを回避できる可能性がある（Dunn 1961：168）。

また家族は，個人と同様，統合する必要がある。家族はただたんに「便利さ」から構成されるのではなく，また個人がバラバラである集団でもなく，high-level wellness を達成するために高い目標のもとに高さと広がりと統合を求める存在でなければならない（Dunn 1961：168）。

（2）コミュニティのウェルネス（Community Wellness）

"Community Health" という言葉は，長年にわたって地域医療の分野で働いてきた医療従事者にとって特別な意味を持つようになってきたため，敢えて "Community Wellness" という言葉を選んだという（Dunn 1961：175）。

医療従事者にとって，「コミュニティヘルス」とは通常，適切な衛生設備，良好な水の供給，適切な居住スペースなど，一般的に人々が食べたり飲んだりするものの観点から健康的であると考えられるコミュニティを意味している（Dunn 1961：175）。また，社会福祉の従事者は，犯罪があまり起こらないコミュニティを健全なコミュニティ（healthy community）としている（Dunn 1961: 175）。さらに，経済学者は，コミュニティのウェルネスは，家族が経済的に自活できるかどうか，あるいはビジネスにとって健全な場所であるかどうかという観点からまず見る（Dunn 1961：175-176）。

しかし，コミュニティは衛生的に健全なコミュニティであるだけでなく，家族の健康と個人の健康を促進する場所でなければならない。子どもたちは，自分たちがやがて入っていくより広い世界について知るために，そのミニチュアの世界を必要としている。小さくてフレンドリーな世界の中で探索を行うことができれば，後に成人してより大きな世界に身をおいたときに，より広いレベルでウェルネスに向けて努力する可能性が高くなるという（Dunn 1961：176）。

(3) 環境のウェルネス (Environmental Wellness)

"Environmental Wellness" という言葉も，"Environmental Health" と区別して Dunn (1961) によって提唱された言葉である。"Environmental Health" は，空気・水・土壌などの汚染，工業廃水，放射能などによる環境汚染を語るときに使われてきたが，「環境のウェルネス」は，よりポジティブな意味がある。それは，環境が自然の法則にあった状態を指す。

環境のウェルネスの重要な要素は，それぞれの生命体が生きるにふさわしい空間であるという。だが，人間が環境を破壊しているために，貴重な生命体の多くの種が絶滅させられ，また絶滅の危機に瀕している。これを防ぐには，生命そのもの，あるいは生命の循環そのものに対する深い関心を獲得することが大切である。環境のウェルネスへのさらなる貢献は，美の保存と強化に対する関心を刺激することによってもたらされる (Dunn 1961：189)。また，自然の美的特質は子どもたちに特別な喜びと成長と発達をもたらしてくれる (Dunn 1961：189)。

人類が Wellness でありたいのであれば，Wellness を促進する環境としての "Environmental Wellness" がなければならないとされる。

4．近年のウェルネス論（ウェルネスを高める方法）

近年，ウェルネス論は，社会の激動，科学技術の急激な進歩，世界的な異常気象，人々の生活様式・思考様式の変化，所得格差の拡大，人々の間の分断などを背景として，非常に活況を呈している。

とくに近年のウェルネス論は，ポジティブ心理学[3]や政治哲学の正義論などの流れも取り込み，公正な社会における人々の幸福を追求するものとなっている。

プリレルテンスキー (2020) は，ウェルネスな状態となるためには，主観的ニーズとしては，「感情面でのサポート」(emotional support)，「帰属意識」(a sense of belonging)，「充実感」(feeling engaged) などの要素が含まれ，また，客観的ニーズとしては，「経済的資源」や「医療へのアクセス」などの要素が含まれるとする。

さらにプリレルテンスキー (2020) は，「自分には価値があるという意識」（ワージネス worthiness）と「自他の尊重」（マタリング Mattering）という感覚も重要であると指摘している。ワージネスとは，他者からも評価され，自身でもその価値を高めていくというポジティブな気持ちと態度をいう。マタリングとは，自他への注目，自他の意義の気づきの伝え合い，自他の必要性の確認などから成る，「自他の価値を認め，それを積極的に伝えていくこと」と理解される。「私も，あなたも，大切である」と。

これらの因子のどの部分に強みがあるのか，弱みがあるのかを自己分析し，自己の現状を客観的に捉えて少しずつより良いほうに向けて行動していくことにより幸福感（ウェルビーイング）が高まるとともにウェルネスの状態がよくなると考えることができよう。

5．世界のウェルネス産業の市場

2020 年は新型コロナ感染症のパンデミックの影響により，ウェルネスツーリズムや身体活動の市場が縮小しており，その代わり，ウェルネス不動産や伝統医療の市場が拡大している。世界におけるウェルネス市場の規模は，2019 年が 4.5 兆ドルであった（図 9.4）のに対し，2020 年は 4.4 兆ドルであった。しかし，今後ますますウェルネスツーリズムやさまざまな形態の身体活動が開発されるとともに市場が大きくなることが予想されている。

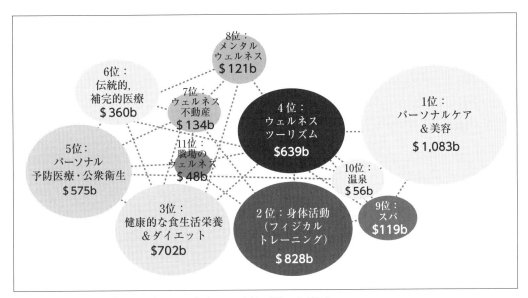

（注）それぞれの市場規模は 2016 年〜 2019 年までデータ年のばらつきがある。
　　　b：billion（10 億）
（出所）Global Wellness Institute（2020）.

図 9.4　世界のウェルネス市場（コロナ禍前）

6．ウェルネス産業の未来

WHO は，その憲章の前文において健康を次のように定義している。

健康とは，病気でないとか，弱っていないということではなく，肉体的にも，精神的にも，そして社会的にも，すべてが満たされた状態にあること（日本 WHO 協会訳）（"a state of complete physical, mental and social well-being and not merely the absence of disease and infirmity"）」（1948 年発効）

Wellness は，この中の「病気ではないとか，弱っていないということではなく」という表現で否定されている部分とほぼ同じ概念（「病気ではない，あるいは弱っていない状態」）と捉えられてきた。しかし，「心身の調子の良さ」としての wellness は，病気や障害，あるいは弱って

いる状態とも両立可能な概念であるとともに，それにはレベルがある。

　ウェルネスとは，静的で客観的な健康である状態を指す概念ではなく，動的主観的かつ主体的な健康に近づけようとしつつある活動の状態を指す概念と言えよう。すなわち，より健康に，より幸せに，より目標に近づける，自身が本来持つ可能性を実現することである。

　このようなウェルネスは，もはや温泉あるいはスパやフィットネスセンターなどの施設のみに関するものではない。受入れ施設・宿泊施設等での体験が滞在中並びにそれ以後の利用者・宿泊客の健康に与える影響を考慮に入れ，壁・床・天井など施設そのものや使用しているカーペット・椅子・ボール・器具などの素材，自然と融合した（バイオフィリックな）デザイン，顧客同士のつながり，顧客同士がコミュニケーションをとれるソーシャルスペースの設置，顧客の生活設計におけるプログラムの提案等々，ホスピタリティの専門家が提供できるサービスは多岐にわたっている。

　また，ホテルやリゾートを代表とするホスピタリティ事業者が，これらの一つあるいは幾つかを持っていることが大切なのではない。ホスピタリティ産業の使命は，これらを有機的に構成することによって一人ひとりにあったメニューを提供することにより，その人のウェルネスに貢献し，そしてひいてはウェルビーイング（人との間で自分らしく生きることによる，バランスの取れた，長期的視点から見た，満たされた状態）に貢献できることにある。それには，適切な施設を有する資金力の他に，新しい技術を適切に活用する進取の精神，そしてホスピタリティ精神をもちながら高度な専門知識と技術を有した従業員の力が不可欠となる。顧客一人ひとりを大切にしながら，顧客のニーズに合ったサービスの最適な組み合わせを限られた予算内に相手が長期的に満足のいくように提案するマネジメント能力と専門知識が必要となろう。これこそ，ウェルネス産業がホスピタリティ産業とされるべきであるゆえんである。

　今後，ウェルネス産業と医療産業はますます融合していく可能性が高い。また，医療機器業界は国内外の激しい競争にさらされることになる。従来の機器の売り切りモデルから，サービスドメインセオリーどおり，機器を用いたサービスを売るビジネスモデルに転換が進むと予想される。このような状況の下，新しいホスピタリティマネジメントの創造が期待されよう。

注

1)　"fitness" とは，「肉体的に強靭で健康である状態」のことであり，「フィットネス訓練」とは，「健康的で，体力のある状態を造るトレーニング」のことである。
2)　Halbert Louis Dunn（1896～1975年）は，アメリカで活躍した人口統計の専門家で医師。
3)　ポジティブ心理学とは，「私たち一人ひとりの人生や，私たちの属する組織や社会の在り方が，本来あるべき正しい方向に向かう状態に注目し，そのような状態を構成する諸要素について科学的に検証・実証を試みる心理学の一領域」（国際ポジティブ心理学会）である。この学問は，1998年当時，米国心理学会会長であったペンシルベニア大学心理学部教授のマーティン・セリグマン（Martin E. P. Seligman, 1942-）によって提唱された。

/ 　発展学習（学修）　 /
1. 高齢者のための新しいウェルネスプログラムを考案してみよう。
2. ウェルネス産業では，利用者の保険サービスや生活支援サービスなども導入し，利用者のリピート率を上げる努力をしている。その他にどのような新しいサービスがあれば利用者は喜ぶだろうか。新しいサービスを考えてみよう。

引用・参考文献

Allen, Connie, Boddy, Jennifer, and Kendall, Elizabeth（2019），"An experiential learning theory of high level wellness: Australian salutogenic research," *Health Promotion International*, 34(5), Oct. 1045-1054.

Dunn, Halbert, L.（1957）Points of attack for raising the levels of wellness, United States Government Printing Office, Washington, D.C.（Reprinted from *the Journal of the National Medical Association*, 49(4): 225-235."）

Dunn, Halbert, L.（1959a）"What high-level wellness means," *Canadian Journal of Public Health / Revue Canadienne de Sante'e Publique*, 50, 19591101, 447.

Dunn, Halbert, L.（1959b）"High-Level Wellness for Man and Society," *American Journal of Public Health and the Nations Health*, 49, 786.

Dunn, Halbert, L.（1961）*High-Level Wellness: a collection of twenty-nine short talks on different aspects of the theme*, VA: Arlington, Beatty.

Global Wellness Institute（2018）*Global Wellness Tourism Economy 2018*.　https://globalwellnessinstitute. org/industry-research/global-wellness-tourism-economy/（20231010）.

Global Wellness Institute（2022）*The Global Wellness Economy:Country Rankings*（FEBRUARY 2022）https://globalwellnessinstitute.org/wp-content/uploads/2022/02/GWI2022_GlobalWellnessEconomy_ CountryRankings_Final.pdf?inf_contact_key=4751750f4ee9362f62961b0dd5231324（20231113）.

Global Wellness Institute（2023）*Health, Happiness, and the Wellness Economy: An Empirical Analysis* https://globalwellnessinstitute.org/wp-content/uploads/2023/02/GWI_Wellness-Policy_Empirical-Analysis_020723.pdf（20231106）.

荒川雅志著・日本スパ振興協会編著（2017）『ウェルネスツーリズム──サードプレイスへの旅──』フレグランスジャーナル社.

古川文隆（1993）「世界（アメリカ）のウェルネス事情」『上智大学体育』116-120.

プリレルテンスキー，アイザック Prilleltensky, I., 小林正弥，水島治郎，石戸光監訳，張暁芳訳「基調講演（2020）「ウェルネス，公正，高価値感──共通善のための心理社会的財（Wellness, Fairness, and Worthiness: Psychosocial Goods for the Common Good）」『千葉大学法学論集』37(3): 87-115.

谷本都栄（2019）「ウェルネスツーリズムのデスティネーション：ドイツ，オーストリアにおける温泉保養地の事例研究」『法政大学スポーツ健康学研究』10, 33-46.

辞典

研究社（1980）『研究社新英和大辞典』.

Oxford University Press（1989）*Oxford English Dictionary*.

ステッドマン医学大辞典編集委員会（2008）『ステッドマン医学大辞典（第 6 版）』メジカルビュー社.

URL

Global Wellness Institute 'What is the wellness economy? 'https://globalwellnessinstitute.org/what-is-wellness/what-is-the-wellness-economy/（2023.10.24）.

日本ポジティブ心理学協会の HP　https://www.jppanetwork.org/what-is-positivepsychology（2023.11.05）.

第 10 章

ホスピタリティ産業の現状と未来（7）──医療産業

◉ 本章のねらい ◉

1. 世界の医療産業の現状を説明できるようになる。
2. 日本の医療産業の現状を説明できるようになる。
3. 日本の医療産業の課題への対策を考案できるようになる。
4. 日本の医療産業における新しいサービスの在り方を考案できるようになる。

キーワード：
患者インサイト，アドヒアランス，プラグマティズム，人間性心理学，現象学，
現業学的アプローチ，ケア，ケアリング

1．医療・健康関連産業の概要

「医療・健康産業」は，一般的に，「医療産業」と「その他の健康などの周辺産業」とに大きく二分される。前章で議論したウェルネス産業は，「その他の健康などの周辺産業」に分類されよう。

医療産業は，さらに①医療サービス，②医薬品，③医療機器に分けることができる。

1-1．世界の医療・健康関連産業市場

現在，世界最大の産業が医療・健康関連産業となっている。将来にわたっても，医療・健康関連産業は，医学の進歩やIT技術の進展を受けてますます拡大傾向にある。

2000年以降，世界の医療産業は4〜8％の年平均成長率で拡大し続け，2020年の世界市場は1,300兆〜1,400兆円程度と推定されている（医療サービス1,120兆円，医薬品180兆円，医療機器62兆円）（鶴谷2023：18）。

世界におけるさらなる人口増加と都市化・先進国化により，2032年には医療・健康産業全体の世界市場規模は，2020年の倍の2,600兆〜2,800兆円に達すると予測され，この市場規模は，現時点における自動車産業の市場規模に比べるとほぼ7倍に相当するという（図10.1）（同上）。

1-2．日本の医療・健康関連産業の市場

日本の医療・健康関連市場は，全体の約7割近くを公的な支出が占めていることが特徴である。公的医療と公的介護を除いた医療・健康関連ビジネス市場は，2020年度で28兆円と推定

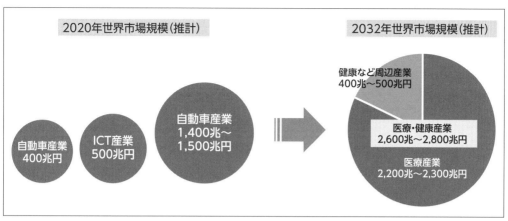

（出所）鶴谷（2023）の p.18 の図 1-1。

図 10.1　医療・健康産業の世界市場規模

されている（鶴谷 2023：64）。これに公的医療と公的介護の約 54 兆円を足すと，日本の医療・健康関連産業は約 82 兆円と推定される（同上）。

国立社会保障・人口問題研究所の「社会保障費用統計」（2021 年度）によれば，2021 年度の社会保障給付費（OECD 基準）は前年度比 4.9％増の約 143 兆円，GDP の約 26％であった。人口一人当たりの社会支出（社会保険給付金＋管理費・施設整備費等）は 113 万 9,300 円であり，前年度に比べ 5 万 8,400 円，5.4％の増加となった。社会保障給付費は国庫負担の医療や介護に年金などを加えた数字であるが，そのうち医療は 47.4 兆円（34.2％），介護は 11.2 兆円（7.8％），年金は 55.8 兆円（40.2％）であった。社会保障費（国庫負担と地方負担の公費＋保険料）は，年金，医療費，介護費・生活保護費のいずれも大きく伸びている。

1-3．日本の医療施設数と医療従事者数

日本の病院数は，表 10.1 のとおりであり，医療施設数は約 18 万である（2021 年）。医療施設の病床数をみると，全病床数は約 150 万床で，前年に比べ 9,850 床減少している（2021 年）。病院数，病床数ともに減少傾向にあるが，病院数は OECD 諸国中 3 位，病床数は OECD 諸国中 1 位となっている。

表 10.2 は，厚生労働省所管国家資格の保持者数一覧である。医師数は，微増傾向にあるものの，人口 1,000 人当たり 3 人弱で OECD 諸国（38 カ国）中，36 位である（2020 年）。医師の少なさを看護師の多さ（人口 1,000 人当たり 12 人強：OECD 諸国中 6 位）（2020 年）で補っていることが，日本の医療産業の特徴となっている。ただし，医師の需給バランスは 2030 年前後に均衡となると推定されている（厚生労働省，2022b）（図 10.2）。

また，高齢化の状況は地域ごとに異なり，2040 年にかけて地域によっては医療・介護ニーズは縮小していくことが見込まれている。そこで，将来的な地域ニーズを踏まえた人材確保が

表 10.1　日本における医療施設数

区　分	種　類	病院数
医療施設		180,445
病　　院		8,190
	精神科病院	1,055
	一般病院	7,138
	療養病床を有する病院（再掲）	3,489
	地域医療支援病院（再掲）	661
一般診療所		104,488
	有床	6,082
	療養病床を有する一般診療所（再掲）	661
	無床	98,406
	歯科診療所	67,764

（注）病院や診療所の区分は医療法の規定によって定義づけられている。
　　病院は 20 名以上の患者を入院させるための病床を有しているのに対し，診療所は入院のための病床を有しない，また
　　は 19 名以下の入院を可能とする施設を指す。病院は医師が 3 名以上（外来患者 40 名に対して 1 名かつ入院患者 16 名
　　に対して 1 名），一方の診療所は医師 1 名以上（患者数による増減はなし）となっている。
（出所）厚生労働省（2022a）より作成。

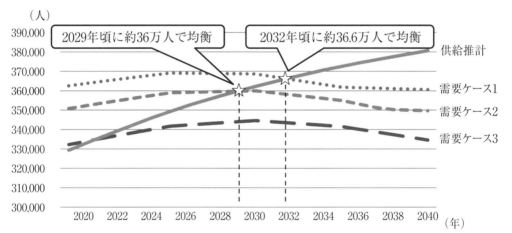

（注）供給推計　今後の医学部定員を令和 2 年度の 9,330 人として推計。
　　需要推計　・ケース 1（労働時間を週 55 時間に制限等 ≒ 年間 720 時間の時間外・休日労働に相当）
　　　　　　　・ケース 2（労働時間を週 60 時間に制限等 ≒ 年間 960 時間の時間外・休日労働に相当）
　　　　　　　・ケース 3（労働時間を週 78.75 時間に制限等 ≒ 年間 1860 時間の時間外・休日労働に相当）
（出所）厚生労働省（2022b）。

図 10.2　医師の需給バランス

必要となる（厚労省 2022b）。図 10.3 は，看護師職の 2025 年の需給バランスの予想である。

　日本は，高齢化に伴い，近年老衰の比率が急激に上がっている。なお，脳血管疾患の割合が
減少し，悪性新生物（癌）・心疾患も急増している。

表 10.2　厚生労働省所管国家資格の保持者数一覧

医療関連					
医師	33万7,625人 （就業者数※1）	言語聴覚士	17,905人 （就業者数※3）	柔道整復師	75,786人 （就業者数※4）
歯科医師	10万6,223人 （就業者数※1）	視能訓練士	10,130人 （就業者数※3）	**健康関連**	
薬剤師	31万158人 （就業者数※1）	臨床工学技士	30,409人 （就業者数※3）	管理栄養士	26万4,181人 （登録者総数※6）
保健師	64,819人 （就業者数※2）	義肢装具士	128人 （就業者数※3）	**福祉・介護関連**	
助産師	40,632人 （就業者数※2）	歯科衛生士	14万2,760人 （就業者数※4）	保育士	64万4,518人 （就業者数※7）
看護師	127万2,024人 （就業者数※2）	歯科技工士	34,826人 （就業者数※4）	社会福祉士	25万7,293人 （登録者数※8）
診療放射線技師	55,624人 （就業者数※3）	救急救命士	66,899人 （免許登録者数※5）	介護福祉士	175万4,486人 （登録者数※8）
臨床検査技師	67,752人 （就業者数※3）	あん摩マッサージ 指圧師	11万8,103人 （就業者数※4）	精神保健福祉士	97,339人 （登録者数※8）
理学療法士	10万965人 （就業者数※3）	はり師	12万6,798人 （就業者数※4）	公認心理師	54,248人 （登録者数※9）
作業療法士	51,056人 （就業者数※3）	きゅう師	12万4,956人 （就業者数※4）		

※1　「令和2年医師・歯科医師・薬剤師統計」
※2　医政局調べ、2019年現在
※3　常勤換算、医療施設（病院・診療所）で勤務する者、「令和2年医療施設調査」
※4　「令和2年度衛生行政報告例」
※5　医政局調べ、2022年3月現在
※6　健康局調べ、2021年12月現在
※7　常勤及び非常勤の数、「社会福祉施設等調査」、2020年10月1日現在
※8　（公益財団法人）社会福祉振興・試験センター、2022年3月末現在
※9　（一般財団法人）日本心理研修センター、2022年3月末現在

（注）多様な人材が活躍する中にあって、令和4年版厚生労働白書第1部では、医療・福祉サービス提供のニーズの高まりを踏まえ、重要課題として担い手の養成・確保に取り組んできた人材を取り上げ、その成果を見ることとしている。

（出所）厚生労働省（2022b）。

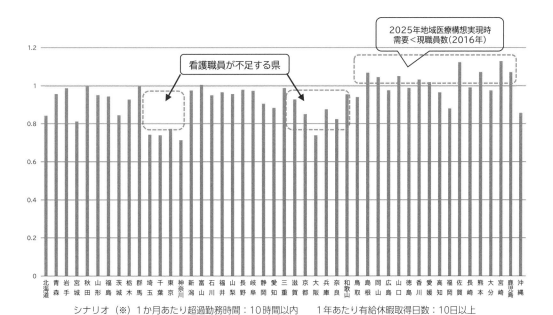

シナリオ（※）1か月あたり超過勤務時間：10時間以内　　1年あたり有給休暇取得日数：10日以上

（出所）厚生労働省（2022b）。

図 10.3　看護職の受給バランス（2025 年の予想）

2. 医療はサービス業か

　医療は，産業分類上サービス産業に分類されているが，本当にサービス業なのだろうか。これは，何を「サービス」と定義するかによっても答えが異なってくるであろう。よく，「アメリカでは医療はビジネスだが，日本では医療はサービスだ」という言葉を聞く。この場合，ビジネスとはお金儲けの手段であり，反対にサービスとは見返りを求めない持ち出しの行為，どちらかといえばホスピタリティの定義に近い行動の意味で「サービス」という言葉が使用されている。だが，日本語としての「サービス」にはそのような意味があるが，学問上の「サービス」にはそのような意味はないだろう。

　では，学問的にはどうなのであろうか。学問的に，医療はサービスといえるのであろうか。

　近年は，すべての経済活動をサービスとして捉えられることが指摘され，これまでのサービス概念も揺らいでいるが，ここでは，従来のサービス概念の性質と医療行為とを比べてみる。すると，表10.3のようになろう。

表10.3　サービスの性質（一般論）と医療行為の性質の比較

	サービスの性質	医療行為の性質
1	無形性	治療・手術・患者への精神的な支援などは，形がなく，触ることができない。（ただし，たとえば理容・美容と同様に，施術・治療前後の違いによってサービスを受けた痕跡を知ることができる。）
2	同時性・消滅性	サービスの提供（生産）と治療（消費）は同時であり，保存することができない。（ただし，たとえば理容・美容と同様，その成果は残る。）
3	個別性	同じ病気でも患者により必要なサービスは異なる。
4	不可逆性	一度治療（手術）したら，なかったことに（返品）はできない。
5	変動性	品質と内容は，医療従事者の技量だけでなく，設備の状況，協力体制の状況等によって異なる。
6	経験財	サービスを受けてからでなければ，その品質を判断できず，またその品質の良しあしは，それぞれの人の主観によっても判断される。
7	信用財	信用によって受診するが，たとえ受診後であっても，患者及び関係者は治療の適切さについて正確な判断はできず，信用して利用するしかない。

（出所）杉本（2020）のp.12の表1-1を若干修正。

　表10.3により，医療はサービス業であると言えそうである。だが，だからといって持ち出しの行為をするべきではない。まずは自分自身の健康状態に配慮をし，自身の専門性，スキルを高めることを怠らず，常に患者と家族の視点と専門性の両方の2.5人称の視点をもち，関係者との情報共有，意見交換を図りながら最善の医療を提供していかなければならない。

3. 患者インサイト

　病院におけるホスピタリティの実践において欠かせない概念がある。それは，「患者インサイト」というものである。

　「インサイト」とは，元の英語の意味は，「洞察」（奥深いところを観察すること）という意味であり，マーケティングでは，消費者心理の中に隠れたニーズや思考を探り当てること，あるいは，消費者心理の深部まで分け入り，購買動機や消費動機を考察することを意味する。

　そこで，「患者インサイト」とは，「患者との持続可能な関係性の構築を目指して，患者が求めることや思考を探り，受診先や治療を選択する動機を捉え，効果的な情報提供や患者とのコミュニケーション，サービス提供を検討すること」（杉本 2020）となる。このような「患者インサイト」は病院における医療従事者が実施するホスピタリティマネジメントと極めて類似した概念といえる。

　患者インサイトを明らかにすることの意義には，直接的な意義と，最終的な意義の両方がある。直接的な意義は，次の 4 つである。杉本（2020）を参考にすると，次のようになる。

① 患者がどのようなことに満足をするのか，どのようなことに不満を感じるのかを知り，一人ひとりの患者の意思決定の道筋を理解することにつながる

② 患者の治療に対する意識を向上させ，アドヒアランスを高める

　ここで「アドヒアランス」とは，患者自身が治療方法を理解・納得し，積極的に治療に参加することである。

③ 自身の治療に対する患者の積極的な態度と行動を起こす

④ 患者の定期的で継続的な受診行動を導く

　その結果，病気の早期発見，重症化の防止につなげることができるとともに，患者による過度のドクターショッピング・転院などを防ぎ医療費の無駄な支出を抑え，病院側としても患者の定着を図り，医療機関の経営の安定にも貢献することができる。

4．ケアとケアリング

　ホスピタリティを実践するにあたり――医療・福祉従事者だけとは限らないが――とくに医療・福祉従事者が知らなければならない概念がある。「ケア」と「ケアリング」である。

4-1．ケア概念の誕生

　「対象に対する，主として身体的世話（手入れ，看護，介護）」としての「ケア」は，古代より存在した。「ケア――自己へのケアと他者へのケア――は，人類の誕生とともに誕生した」「人類がこれまで生存し続けたのは，ケアがあったから」などとも言われている。

　しかし，「ケアリング」概念は，近年誕生したものである。

4-2．看護職の枠組みの根本的な変化

　20 世紀後半，医療の高度化や第二波フェミニズム（第一波フェミニズムにおいて改善されなかっ

た家庭や職場における男女格差の是正を目指した社会運動,「ウーマンリブ」1960 年代～）を伴う社会の大きな変化を受け,医療における医師の絶対的な権威が揺らくようになった。その積極的主張を裏付けるべく,これまでの正義や平等,自由などの規範的理念にも鋭いメスが入るようになり,看護師が自らの職業的責任を考えるうえでの枠組みの根本的な変換が起こったのである。すなわち,《医師――看護師》関係から,《患者――看護師》関係への転換である（Kuhse 1997=2000：44）。

このような中で,Milton Mayeroff（1925 ～ 1979）の論文"On Caring"（1965）及び同名の著書（1971）によって「ケアリング」という概念が「人間存在の様式」を指す言葉として使われた。

4-3.「ケアリングとしての看護」の登場

その後,「ケアリング」概念は,まずは「看護」の核,あるいはその現象を指す言葉として使われ始めた。

Mayeroff（1971）は,「ケアリング」を「他者が成長し,自己実現する のを助けること（p.1）」と定義し,「友情が相互信頼と両者の関係性の深まりや質的変容をとおしてのみ時間の流れの中で生じうるのと同様,〔ケアリングは〕他者との関係性の展開のプロセスやあり方である（pp.1-2）」と説明している。

Mayeroff（1971）の考え方と流れを一にするのは,看護への現象学的アプローチの導入である。現象学的アプローチとは,看護師と患者の関係をいつもと変わらない関係,風景と見るのではなく,「空間,時間,事象,現象をいつもとは違う別の角度」から見ることにより,存在や関係性に対して新しい発見を見出そうとするものである。Mayeroff（1971）がケアリングの要素として挙げている「リズムを変えること Alternating Rhythms」というは,まさしくこの現象学的アプローチと同じであり,看護においては,絶えず変化している患者の具合,絶えず変化している患者と自身との関係性の中で,その時々の状態に合わせて柔軟な対応の必要を説いているものと考えることができる。

このような思想的背景の下に,「医学」とは異なるアイデンティティをもつ看護学へと看護学は変容していった。すなわち看護学は,"nursing as caring""caring as nursing"を核として,患者のもつ病気に対してではなく,統一体である人間同士の関係性から体験することを対象として,「医学」とは異なるアイデンティティを獲得したのである。そこでは,看護実践における患者と看護師との間で繰り広げられる人間としての成長に焦点化され,「人間性に基づく対人関係」の在り方や「自己実現」が再評価された。

日本看護協会（2007）は,「ケア」と「ケアリング」を次のように定義している。

> ケア：従来，身体的な世話を言い表す用語として主に使われてきた。身体的な世話により，
> 　　　対象者との相互作用が促進されたり，対象者の心身が安楽になったりすることか
> 　　　ら，「療養上の世話」もしくは「生活の支援」としてのケアに看護の独自性を見出
> 　　　そうとしてきた歴史も長く，看護職にとって重要なキーワードである。
> 　　　また，医療の中では，キュアに対して看護の特徴を際だたせるために，キュア対ケ
> 　　　アという構図で用いられる場合もある。
>
> ケアリング：対象者との相互的な関係性，関わり合い，対象者の尊厳を守り大切にしよう
> 　　　とする看護職の理想・理念・倫理的態度，気づかいや配慮，が看護職の援助行動に
> 　　　示され，対象者に伝わり，それが対象者にとって何らかの意味（安らかさ，癒し，内
> 　　　省の促し，成長発達，危険の回避，健康状態の改善等）をもつという意味合いを含む。
> 　　　また，ケアされる人とケアする人の双方の人間的成長をもたらすことが強調されて
> 　　　いる用語である。
>
> 　　　　　　　　　　　　　　　　　　　　　　　　　　　（日本看護協会　2007：13-14）

　現在看護は，「ケアとしての看護」から，「ケアとケアリングとしての看護」あるいは「ケアリングとしての看護」へと変容していると言えよう。

4-4．ケアリング概念に影響を与えた思想

Mayeroff（1965）は，自身の思想へ影響を与えた思想家として，次の5人を挙げている（p.462）。

① John Dewey（1859-1952）：米国の教育学者。

② Gabriel Marcel（1889-1972）：フランスの劇作家，哲学者。

③ Erich Fromm（1900-1980）：ドイツの社会心理学・精神分析者。

④ Justus Buchler（1914-1991）：アメリカの哲学者。プラグマティスト[1]。

⑤ Martin Buber（1878-1965）[2]：オーストリア出身の宗教哲学者。

　ここでは，これらのうち①～③の思想家がどのようにメイヤロフの「ケアリング」概念に影響を与えたのか簡単に紹介したい。

（1）「ケアリング」概念に影響を与えたデューイの思想

　メイヤロフの「ケアリング」概念に影響を与えたと考えられるデューイの書は多くある。*The School and Society*（1899）でデューイは，他者との出会いと経験を共有化するとき学習者は最も恩恵を受けるとし，教育とは，他者との出会いと経験を共有化しながら子どもたちが道徳的な意思決定を支援することである，と主張した。また，*Experience and Education*（1938）におけるデューイの体験学習モデルでは，教師は，生徒が適切な知識を得るためのガイドとして機能しながら生徒のために専心したパートナーとして行動し，生徒が直面している問題につ

いて生徒自身の理解を促進することが大切であるとしている。

　さらに，Auther Bentley（1870-1957）との共著の*Knowing and the Known*（1949）においてデューイは，①「自己行為（Self-Action）」という語と②「相互作用（Interaction）」という語の誤謬を説いている。前者は，自身が人間や動物あるいは物自体に行為を開始する，または引き起こす，特有の力があると想定している点において，後者はすべてのものが二者間の間で均衡を保って完結するシステムを想定している点において，間違いであるとする。そしてこれらの語に替わるものとして，「トランザクション（transaction）（交流）」という言葉をデューイは提唱した。トランザクションとは，相互に独立した主体や現実に帰属することなく，さまざまな側面と局面を処理する分割不可な一連のコミュニケーションの流れのことを言う。人間間で繰り広げられている交流とは，二者間で閉じたシステムではなく，さまざまな側面と局面とが関わる一連のコミュニケーションだというのである。

　メイヤロフが提唱する「ケアリング」も，一方向性の自己行為・閉鎖的相互作用でもなく，さまざまな関係者との間で時間と空間超えて作用しあう「トランザクション」であり，またホスピタリティを含めていかなる対人関係も制度もそのような性質を有する。そのような性質にこそ本質があるように思える。

(2)「ケアリング」概念に影響を与えたマルセルの思想

　マルセルは，個々の存在者と存在そのものへ向かう2つの方向の間に，「つねに新たにされる，本来の意味での創造的信頼関係」を認める。マルセルが提唱し，そして実行する具体的・実存的哲学は，我々自身が「いま，ここに」おかれている状況を見つめるところから出発する。「拒絶することも可能な呼びかけ」に対して新たに心を開き，祈願をもって応え続けていく態度（「創造的誠実」）をもつことが重要だとマルセルは説く。

　マルセルは，他者への信頼とは，自己を完全に他者に与えていることだという。「「信じる」ということ」あるいは「信じているということ」は，相手を「所有」しているのではなく，自己を他者に対して開き，与えていくことによって創造されていく，ということだという。自己は，他者が自身の存在の源であることを肯定し，彼に自己のすべてを委ね，信頼する。それが，「私は信じる」ということの意味だというのである。

　我々は普通の知的探求や認識の仕方でこの絶対的存在なる他者に近づくことはできず，同時に祈願であり祈りでもあるような探究によってのみこの「絶対的な汝」に近づくことができる。メイヤロフは，ケアリングには「知ること」が必要であるというが，この知は，このような探究によって相手（患者）に近づくことを言っていると考えられる。

　マルセルは，「誠実」に「専心」を不可欠の要件としている。そしてその専心が完全に自発的である場合にのみ，誠実は生命ある創造的なものとなり，誠実によって結ばれた人々の間に相互

的な「現存」を生み出すという。ここにおいて，「誠実」とは「愛」と読み替えることができよう。

(3)「ケアリング」概念に影響を与えたフロムの思想

　「自分の有機体としての成長と自己実現が阻まれるとき人は一種の危機に陥る」とフロムは考える。すなわち，人間にとってもっとも自然かつ重要なことは成長と自己実現である，とフロムは考える。

　このようなフロムの思想を表現している書の中で，メイヤロフの「ケアリング」概念にとくに影響を与えた書は，*Art of Loving*（1956）（愛するということの奥義）であろう。

　メイヤロフのケアリング概念とフロムのラビング概念との類似点は，次のとおりである。

　① 自身のコントロール下にある人間の活動

　②「世界に開かれている」人間関係

　③ 教育・開発可能な「スキル」

　④「永続的な」人間の「存在状態」

　⑤「自己実現」と密接な関係

　⑥ 構成要素の類似性（知，忍耐・規律，信頼，謙遜，勇気）

Art of Loving（1956）においてフロムは，愛を，自身のコントロール外のものではなく，本来自身のコントロール下にある，他者との関係性を築く一つの方法であるとしている。

　なお，ケアリングの要素：知ること，リズムを変えること（「（現象学的）柔軟性」とでも呼べようか），忍耐，誠実，信頼，謙遜，希望，勇気（Knowing, Alternating Rhythms, Patience, Honesty, Trust, Humility, Hope, Courage）である。これは，フロムが①「真の愛を体験する能力を獲得するのに必要なもの」として挙げているものと②「真の愛の基本的な要素」として挙げているものとを合わせたものとほぼ重なる。

　・フロムによるラビングの要素：

　① 真の愛を体験する能力を獲得することができるのは，「真の謙遜，勇気，信じること，規律」をもって自己の完全な個性（≒自己実現）を育てることによってのみである。

　② 真の愛の基本的な要素は，ケア，責任，尊敬，知。

4-5. 結　論

　ケアリングは，少なくとも① 教育（他者が直面している問題について他者自身の理解を促進すること），② ビリービング（信じること），③ トランザクション（二者間で閉じた関係ではなく，多様な側面と局面とが関わる交流），④ ラビング（愛すること），と類似していると結論づけられる。

　むしろ，これらを合体したものがケアリングであり，これからのホスピタリティの在り方かもしれない。

　ケアリングとは，「安心の中で自分自身になることを相互に助ける人間的営み」であり，「人間が本来有する，もしくは有すべき，あるいは発現すべき（神学的には神の本性にあずかったものとしての）人間性とその人が有する可能態としての能力を完全実現態へと転換する人間関係」といえる。「人間が本来有する，もしくは発現すべき人間性とその人が有する可能態としての能力を完全実現態へと転換すること」，それこそが，Mayeroff（1971）が「他者が成長し，自己実現することを助けること」とケアリングを定義するときの「自己実現」が意味するところではないだろうか。ホスピタリティの実践も，このようなケアリングの思想と極めて類似していると思われる。

5．医療における量と質

　最後に，イムス富士見総合病院の石原正一郎特任副病院長の言葉をここに載せておきたい。「病院では，医療の質を上げるためにも，また経営的な観点からも，多くの患者を診ることが大切なのではないか」という質問にたいして，石原氏は次のように回答している。

> 　ご質問の疑問は良く分かりますよ。我々が外科医として腕を磨かなければいけないとき，沢山手術しなければ手術がうまくならないと誰もが思います。
>
> 　しかし大事なことは，数を沢山やることが目的ではないということです。一人一人の患者さんに丁寧にきめ細かく対応することで医療の質が上がり，それによって患者さんや地域の人達から信頼を頂き，また次の患者さんが紹介されてきます。
>
> 　そんな地道な歩みでも，振り返ってみると多くの患者さんをお世話することになるんです。病院が量を増やして影で喜んでいるのは経営陣であり，職員ではありません。医療現場で働いている人達はみんな人のためになりたいんです。一人一人に心を尽くして一生懸命対応して患者さんが良くなられて満足して笑顔で帰って行かれることが一番の幸せです。その患者さんは必ずまた別の患者さんを連れて来るんです。結果として量が増えることになります。
>
> 　ですから，医療の質を最大限上げていくことで結果として量が増えていくというのが，あるべき姿だと思っています。

　顧客や患者一人一人への対応，企業や病院などの組織全体としてのホスピタリティの在り方にとっても重要な考え方であると言えよう。

注

1）　プラグマティストとは，1870年代より米国の思想界と米国人の考え方を支配するようになった思想である「プラグマティズム」を掲げる人のこと。「プラグマティズム」とは，言語を，物事を記述することよりも未来を予

測する道具と考え，明晰でない真理の探究よりも明確な活動・行動の結果を重要視する思想のこと。初期の米国のプラグマティストであるウィリアム・ジェームズ（1842 ～ 1910）は，対象自体と同じくらい対象間の関係は現実であると主張した。ジェームズは，その後デカルト的心身二元論図式を否定し，「究極の実在は，精神的でも肉体的でもない」という中立一元論を採用している。

2) マルティン・ブーバーは，『我と汝』において，他者に対する態度として「それ」として相手を見るか，「汝（あなた）」として相手に接するかを峻別した。ブーバーは，1878 年オーストリア・ウィーンの正統派ユダヤ教徒の家に生を受けた。1930 年にはフランクフルト大学名誉教授となるも，ナチスが政権を獲得すると一切の講義を禁止されて 1935 年に追放処分となり，1938 年にイスラエルのエルサレムに移住し，1965 年，エルサレムで没した。

✎ 発展学習（学修）✎

1. 作家の柳田邦男氏は脳死になったご子息の入院生活を通して，「2.5 人称」の視点の重要性について指摘している。柳田邦男氏が指摘している「2.5 人称」の視点について調べ，それについての自分の意見をまとめてみよう。
2. 近年，ナースステーションの位置などにも変化が見られるようになっている。それはどうしてであろうか。病院の構造についても考えてみよう。
3. 利用者（患者や家族など）の立場から，病院における新しいサービスを考案してみよう。

引用・参考文献

Buber, Martin（1923）*Ich und Du*（= 1938，野口啓祐訳『我と汝』創文社）.

Dewey, John（1899）*The School and Society*, Chicago, Ill: The University of Chicago press（1919 edition）.

Dewey, John（1938）*Experience and Education*, New York: MacMillan Company.

　　　　and Bentley, Authur（1949）*Knowing and the Known*, Boston : Beacon Press（1960 edition）.

Kuhse, H.（1997）*Caring: Nurses, Women, and Ethics*, Oxford: Blackwell Publishers（= 2000，ヘルガ・クーゼ著，竹内徹・村上弥生（監訳）『ケアリング——看護婦・女性・倫理』MC メディカ出版）.

フロム，エーリッヒ（1956）鈴木晶訳『愛するということ（新訳版）』（= 1991，*The Art of Loving*, 紀伊国屋書店.）

Mayeroff, M.（1965）'On Caring'. *International Philosophical Quarterly*, 5, 462-474.

Mayeroff, M.（1971）*On Caring, New York* : Harper & Row Publishers.（= 1987, 田村真・向野宣之訳，『ケアの本質——生きることの意味』，ゆみる出版 .）

厚生労働省 (2022a) 医療施設動態調査（令和 4 年 2 月末概数）（令和 4 年 4 月 27 日発表）　https://www.mhlw.go.jp/toukei/saikin/hw/iryosd/m22/dl/is2202_01.pdf（2023.11.11）.

厚生労働省 (2022b)『厚生労働白書』.

国立社会保障・人口問題研究所 (2023)「社会保障費用統計」　https://www.ipss.go.jp/ss-cost/j/fsss-R03/fsss_R03.html（2023.10.10）.

マルセル，ガブリエル，竹下敬次・伊藤晃訳 (1940=1965)『拒絶から祈願へ　著作集 3 拒絶から祈願へ』春秋社.

日本看護協会 (2007)『看護にかかわる主要な用語の解説 – 概念的定義・歴史的変遷・社会的文脈』日本看護協会.

杉本ゆかり (2020)『患者インサイトを探る——継続受診行動を導く医療マーケティング』千倉書房.

鶴谷武親 (2023)『医療・健康ビジネスの未来 2022-2032』日経 BP.

URL

厚生労働省サイト（医療施設数等統計）　https://www.mhlw.go.jp/toukei/saikin/hw/iryosd/21/index.html（2023.10.10）.

National Center for Health Statistics（死亡原因）　https://www.cdc.gov/nchs/data/databriefs/db456.pdf（2023.11.13）.

第 11 章

ホスピタリティ教育

1. ホスピタリティ私論への誘い

　ホスピタリティとは，端的に言えば「引き受けと持ち出しの行為」である。ホスピタリティ産業では，引き受けと持ち出しの行為に高度な配慮と適切な実行が求められる。そのようなホスピタリティ産業を「ホスピタリティを提供することで良好な人間関係とビジネスが成り立つ産業」と定義すると，「ホスピタリティ教育」とは「ホスピタリティを提供することで良好な人間関係とビジネスを実践できる人材教育」となる。

　一方，幼児教育にとってのホスピタリティ教育を「行為と態度の良好な表れ（ホスピタリティ性）に資する教育」と定義する。これは，行為も態度もすべて他の存在を対象としているため，自然や他者との関係構築の手段と行動表現の根源に関わる教育となるであろう。

　本章では，このように捉えたホスピタリティ教育におけるマナーと「幼児教育としてのホスピタリティ教育」について考える。なお，ここで議論する「マナー」は，具体的なマナーではなく「ホスピタリティを実正（まちがいないこと。たしかなこと。偽りのないこと『広辞苑』）するための心構えとしてのマナー」すなわち「ホスピタリティマナー」である。よってここでは，とくにリスク管理の観点からホスピタリティマナーを論じる。

2. ホスピタリティ人材が意識すべき「もてなし」とホスピタリティマナー

2-1.「もてなし」とホスピタリティマナーとの関係

　第1章と第2章で検討したように，「もてなし」はホスピタリティの一面にすぎない。しかしながら，「「ホスピタリティにおける振る舞いや応対の仕方」としての「もてなし」がどうあ

るべきか」は，ホスピタリティの実践にとって極めて重要である。

　「もてなし 5W1H（When, Where, Who ／ to whom, Why, What, How）」は，「いつ，どこで，誰が誰になぜ，何の目的で，何をもってどのようにもてなすか」が問われる。そこでは，人間関係に関する法則に近づく手段として「ホスピタリティマナー」を有効に用いることが必要条件となる。

　ホスピタリティ人材が意識すべき「もてなし」は，次の行為に準拠する。ホスピタリティを体現するのは，① 歓待・歓迎，② 庇護・保護，③ 休憩・宿泊，④ 救助・救護，⑤ 交通・通信，⑥ 教授・訓練などの場面であり，最終的には，人知に関わる総合的見地に立った人間的行為が期待されると考えられる。すなわち，人から人への「安全，安楽，癒し，安らぎ，憩い，手当て，贅沢，優雅，楽しみ，非日常（別世界），美味，刺激，余裕，健康，気分転換」などの行為であり諸活動である。その反対は「事件，事故，盗難，紛失，中毒，伝染病，中傷，遅延，情報流出，集団ヒステリー」などとなり，環境制御の不備や失態が露呈する事態となる。

2-2. ホスピタリティの実正基準としての「ホスピタリティ道」

　ホスピタリティマナーは，"人として自分は他人（同胞や外国人）に幸せや満足を与えることができるのかまたできているのか"という問いをもつ。反面，老獪な戦略下，貪欲な個人や集団に対して何事にも満足を得ようと手練手管を駆使してでも迫ろうとする意図が見え隠れしていないか。リスク管理のうえからは，良くも悪くも戦略的にホスピタリティマナーを考えることの重要性と意味に気づく必要がある。

　したがって，ホスピタリティマナーのマニュアルは，"引き受け（受け入れ）"と"拒否"の双方を視野に入れた内容が望ましい。ホスピタリティ産業の従事者は相反する行為への対応を含め，利益や安全管理の追求手段として洗練されたホスピタリティマナーを模索し，整備していくことが期待される。そのとき，ホスピタリティマナーは「善意を発露とした行為」という捉え方だけでは実は不十分である。

　大事なのは，ホスピタリティの原点に学んで本質に迫り，実際の取り組みに修正や改善を加えつつ，振る舞いや行動がホスピタリティの道（「ホスピタリティ道」）から外れていないか常に検証しながら進化と深化への努力を継続することである。自然的・人工的環境は日々変化を遂げている。そうした変化の時代だからこそ日本的ホスピタリティを評価し，「ホスピタリティ道」を提唱したい。ホスピタリティ道におけるホスピタリティマナーの確立は，ホスピタリティの恩恵に与る機会を提供する側にとってかなり挑戦し甲斐のあることなのではなかろうか。

2-3.「マナー」の意味とホスピタリティマナーに求められるもの

　マナーは，人間社会にのみ存する身だしなみを踏まえた行動の作法である。身だしなみは「髪型，服装，言葉遣い，態度，心がけ」のことで，作法や振る舞いに関わると同時に人格形成に関わる。マナーを広義に解釈すれば，プロトコル／プロトコール（protocol：儀礼上のしきたり。国際間のマナー）やインテリジェンス（intelligence：知性，情報）までを含む。

　日本においては，マナーの習得に「仕付け」「仕付ける」という言葉を用いることがある。仕付けは「躾（しつけ。国字）」とも書き，家庭のほか教育の場や職場，道場等での稽古や訓練の場を通じて身につける礼儀作法，あるいはそうした経験や学修で身についた礼儀作法を指す。そもそも教育には礼儀作法の教授を重視してきた歴史がある。仕付けは，仕付ける側の生活歴や学修歴などが影響を与えており，場面や相手に応じて伝授の仕方は異なる。マナーは「行動の働き」と言え，その場その場での判断力や対応力および人物の魅力を養いたい。

　たとえば，茶道や武道等の流派により礼法所作が異なるように，個人や組織の考えや意識によって行為行動の仕方や受け止め方は異なるであろう。マナーにおける所作や行動の仕方は「これしかない」と言い切ることはできない。だが，TPO（Time：時，Place：所，Occasion：場合）あるいは「時・処・位（相手）」を念頭に高度な配慮が求められることは揺るがない。よって，マナーには敬意表現が不可欠である。その世界その社会でそれぞれに応じた作法があるということは知っておいてよい。

　戦後（1945 年～），日本の行動様式は和洋折衷が進み，マナーもいわゆるダブルスタンダードが共存している。マナーの修得は，生活や仕事上，身につけておくと役立ち，処世に有効な意思表示と態度および行動選択が容易になるという利点がある。これは，マナーを修得することで行動に伴うリスクを減らす確率が高まることに通じる。対象は目に見えないものを含む。筆者は，マナーを「魅力行動」（行動の質・量・形・意味に魅力を付与した行動。［古閑 2001］）と人格形成の観点から重視している。人格はまた，そのひとの"志"の有無や行動のありようと密接に関係している。

　ホスピタリティマナーは，豊かな人間性に裏打ちされた好感度の高い振る舞いに，臨機応変な対応として，① 機転が利くこと，②「瞬間構成」（白石冬美：声優，俳優）の技量が求められる。一般に，もてなされる側は，もてなす側に自分の利益や要望を受容し満足を与えてほしいと考え，それにふさわしい言葉や態度の提供を暗黙にも前提的にもまた有形無形にも期待していることが多い。

　ホスピタリティには異人歓待や「敬して遠ざける」体のもてなしがあり，相手を試す意味合いを含む[2]。

2-4．ホスピタリティマナーとリスク管理

　ホスピタリティが供される場面には「モノ，コト，ヒト，カネ」が介在することから，提供する側と利用する側双方にリスク管理が欠かせない。

　ホスピタリティを提供する側に裏切り行為がないとは言えない。逆もある。たとえば飲食関係であれば，提供する側の食材の使い回し，提供される側が食材に異物を混入させるなど，相互の信頼を損ねるケースがある。私たちはこうした事例からもマナーが介在する意味や奥深さを学ばなければならない。マナーは安心安全や，秩序維持に通じる社会の防波堤ともなりうるのである。生命活動に意味をもたらすうえで，命の継続が前提となることは言うまでもない。

　輸送関連の従事者は，乗客や貨物に対し安全配慮義務を果たすことが法により義務づけられているが，ホスピタリティを体現する産業はすべて同様の責を負っている。ホスピタリティ産業は，安全安心な場所やエンターテインメントの提供などのほか，災害時の避難場所にもなることから相応の覚悟が問われる。加えて，事件事故の現場となる可能性もある。ホスピタリティ産業が引き受ける範囲は広いだけに，その分，リスク対応は人的，経済的な持ち出し等が多岐にわたることは容易に想像できよう。

　ホスピタリティ産業が平和産業として成立するには，広く，国際社会で今，何が起きているのかを知り，私たちが何を志向すれば人類や他の生物の豊かな生命活動が持続可能となるのかを考えねばならない。平和産業を標榜するホスピタリティ産業の取り組みは果てしがないと言えるのである。

　交渉に当たる側や専門家は，本心では高潔で人品卑しからざる人との出会いを求めている。互いに胸襟を開き，交渉や交流ができる関係を結んでこそ打開策にたどり着くとして，努力を惜しまない姿が人を引きつける。だが，それは安易な善意主義に頼ることを意味しない。誠意ある態度で相手と向き合えば問題は解決するなどという安直な考えは，油断や失敗に陥りやすいと常に自戒していよう。そのうえで，ひとは心底に誠意を抱いて行動表現することが個人や集団の魅力増につながると信じて行動するのではないだろうか。ホスピタリティマナーは経済評価や自己利益に直結する側面はあるが，真実の行動であることが尊いのである。

　職務遂行に当たり，姑息な手段に終始すれば「あれが国や機関・企業等の代表か」と足元を見られるであろう。最前線に立つ者は自分がその団体・組織の代表であるとの意識をもって職務を遂行する気構えが欲しい。であれば，たとえ交渉や交際が決裂しても高潔な態度の持ち主への敬意は最後まで保たれるであろう。マナーに品格が問われるのは特別な人たちによる特別な場面だけではない。マナーは日常の振る舞いに落とし込んでこそ身につくのであり，身についたことは活用に値する。賞賛は後からついてくる。

　ホスピタリティマナーの実践は，「最初（出迎え）から最後（見送り）まで 相手を十分にもてなす」ことに尽きる。約束（契約）を守り，倫理上も背かない行動上の振る舞いこそが相手に

安心安全を約束するホスピタリティマナーと言えるのである。

2-5.「ホスピタリティソサエティ」の構築と生身の人間であることの意味

ホスピタリティマナーは個人間の友愛に伴う行為のほか，個人の枠を超えた儀礼や外交，産業社会の社交や取引において実行が期待される。今日，よいもてなしを受けると SNS で拡散するなどし，結果としてホスピタリティ提供者の評判を高め，提供した側もされた側も互いに「happy-happy な関係」を構築するさまがある。なかには大衆の行動をある意図に基づいて誘導するものや宣伝効果を狙うなど，作為的な用法もあるので注意が必要である。ホスピタリティ産業界は需要と供給の関係が明確なことから，そこにホスピタリティマナーの質・量・形・意味の吟味が必須である。万が一にでも対応や内容に不信を抱かれた場合，遅かれ早かれ産業界から淘汰されていくであろう。事件事故等に敏感な所以である。

以上，ホスピタリティマナーに付随するリスク管理の重要性を述べてきた。

ICT（Information and Communications Technology：情報通信技術）社会の今日，親しい人間関係が結びにくいと感じたり不要と考えたりする人たちがいる。人間的な関わりよりも機械的な関わりに依存したり，より安心感を覚えたりするなど，感情が伴う行為にストレスを感じ，そこから解放されたいと思う人たちもいる。「人嫌い」という言葉は昔からあるが，ホスピタリティ産業界は，ホスピタリティに関わるマナーをどのように活用すれば社会や人類の発展に役立つのかを考える局面に立たされている。

21 世紀の住民にとって，地球温暖（沸騰）化や紛争，災害，経済や教育格差等々のなかでもとくに環境問題がこれまでの文明社会になかった課題として重要である。それゆえ「ホスピタリティスピリット（hospitality spirit）」「ホスピタリティマナー（hospitality manners）」「ホスピタリティテクノロジー（hospitality technology）」からなる「ホスピタリティサイエンス（hospitality science）」の研究と，「ホスピタリティソサエティ（hospitality society）」の構築が望まれる。国際援助・支援は許容や包摂的寛容を具現する行動であり，その反対は制裁や排除である。抑圧，矯正，制裁，暴走などが横行する社会は生きにくい。

20 世紀前半，フランスの外科医アレキシス・カレル（Alexis Carrel, 1873 〜 1944。1912 年ノーベル生理学・医学賞受賞）は「われわれはすべての科学のうちで「人間の科学」が一番難しいということをはっきり認識する必要がある。」（カレル 1939 = 1986：46）と指摘している。“人間”は探究に値する生物であり，人間の科学についてホスピタリティサイエンスからも迫りたい。

最後に，NHK「白熱教室」で知られるハーバード大学マイケル・サンデル教授が日本経済新聞（2023 年 6 月 30 日）で語った中から本節に関連する点を紹介する。

　　人工知能（AI：Artificial Intelligence）によって，私たちが現実と仮想の区別を失うかどうかが問題だ。人間であることの意味は，生身の現実の人間の存在にある。仮想の存在で

はなく，今ここにいる人間と一緒にいて，相手を思いやり，コミュニケーションをとるということだ。手のひら（スマートフォン）の画面が人間関係やコミュニケーションの中心になっていると，人々の繋がりは単にバーチャルなものと思い込みがちだ。技術が制御できなくなるのは，私たち人間が手を放した時だ。「人間の価値ある目的を達成するために技術をどう使うべきか」という命題は，どんなに賢い機械も私たちに代わって決めてくれることはないであろう。※棒線は筆者。

3．幼児期の教育とホスピタリティ教育

3-1．幼児教育における「ホスピタリティ教育」の定義

本節は，幼児期の教育を担う家庭や幼稚園等におけるホスピタリティ教育について考察する。幼児教育では，「ホスピタリティ教育」を「行為と態度の良好な表れ（ホスピタリティ性）に資する教育」と定義する。これは，自然や他者との関係構築の手段と行動表現の根源に関わる教育となるであろう。自然界のリーダーとして，人間は“命の継続”に対する使命がある。

ホスピタリティ教育は，個人の集合体である社会のより良い創造に資することが課題である。人は“（無条件に）愛された記憶”が原体験にあることが望ましい。そうした経験は，その後の人格形成に多大な影響を与えていよう。ゆえに，ホスピタリティ教育は幼児期から始めたい。

ホスピタリティ教育は「ホスピタリティ」と「教育」とに分けて考察する必要がある。そのうえで「ホスピタリティ教育」として成立するのか否か，そして今日求められる「ホスピタリティ教育」とは何かに多少なりとも迫りたい。

3-2．初期教育の必要条件

人生において初期教育はまず家庭が担い，その後幼児教育機関を選択するのが一般的である。初期教育は就学前教育とも言われ，人格形成の土台作りに貢献するのみならず将来的にも成長に広範な影響を及ぼす。教育的関与を行う者は，相手に恐れ（慎み）を持って臨むことを肝に銘じたい。それほど，有形無形に相手にさまざまな影響を及ぼす存在であることを心に銘記しておきたい。

教育が世界の複雑なパワーバランスの動きに影響を受けていることは自明である。ホスピタリティ教育が機能するためには，幼児期からウェルビーイング（well-being：社会的，身体的，心理的に良い状態であること。幸福，健康，福祉），SDGs（Sustainable Development Goals：持続可能な開発目標），ジェンダー（gender：社会的に構築された性に関する規範，性差），ハラスメント（harassment）等の視点が必須である。人生を左右しかねない初期教育の重要性に鑑み，成育環境が注目される。理想は，生きるうえで必要な「衣食住」「睡眠」「衛生」「知的刺激」「娯楽」「移動の自由」などが適切に提供かつ保証されることである。人の成長に欠かせない「コト，モノ，

ヒト，カネ，環境」等が適切に提供されているか否かは人の尊厳遵守に関わる。

　2022 年に発表されたユニセフの推計では，世界の 10 歳児の 3 分の 2 が，簡単な文章を理解しながら読むことができなくなっていることが明らかとなった。日本でもコロナ禍（2020 年～2022 年）で表面化した学習の遅滞や危機に陥った子どもたちへの対応などのほか，コミュニケーション能力の低下が懸念されている。私たちは，自分たちが住む社会および世界の出来事をとおして幼児期から教育課題に向き合っていかなければならない。

　初期教育における人格形成の重要性は言うまでもなかろう。交友であれ外交であれ，対人関係においては人物の魅力がものを言う場面が少なくないのである。他人から応援や協力が得られやすいような人柄は幼児期から育成したい。成長し，そうした応援に感謝し，礼を尽くす態度を形成すれば，自分でも知らないうちに福を呼んでいよう。振る舞いや言動が評価されるとすれば，この「ひとそのものの魅力」にあるのではなかろうか。

　善意が裏切られることを筆者は「善意の犠牲」と表するが，善意が裏切られないためには綿密な物理的環境整備だけでなく良好な人的環境が不可欠である。日常的に発揮される誠実な対応は知的・情的行動としてみずからの身を守る武器となり，人間関係やビジネスを本来あるべき姿に整えていくであろう。

3-3．ホスピタリティ教育とホスピタリティ感情

　よりよい生活環境を提供しようとして各個人や各幼児教育機関が持てる力を発揮するには，人（個人や集団）に備わったホスピタリティ感情の働きが期待されよう。ホスピタリティ感情とは，人間の脳の内側にある「脳幹」から外側に向かってある「旧皮質」「新皮質」の働きがもたらすものである。悪口や他人への攻撃のさい，脳内に「ノルアドレナリン」という物質が分泌され，他人に親切にしたりやさしい言葉をかけたりすると「エルドルフィン」という物質の効果で活力が湧き身体が“健康的な思い”で満たされることから，自分以外の人への愛情や友情などを示しやすくなる。個人的にも集団的にも「エルドルフィン」の分泌が十分でないと，たとえば，集団でのいじめにつながるような事態が起こりかねない。

　言動が明るく親しみ深い態度で振る舞う人は，知らず知らず周囲にプラスの波及効果すなわち環境の質向上効果を生んでいる。自他の関係に余計なストレスを生まない効果も見込める。思慮深く明朗な態度の形成は「心身一如（しんしんいちにょ）（心身を心と体に分けて考えるのではなく，総体として捉える考え方）」にたどり着く可能性を高めるであろうし，ホスピタリティ教育の目指す成果の一部となる。人には友好的側面のほか好戦的側面もあることから，意識して感情管理能力の向上に努めたい。

　ホスピタリティ教育は，豊かなホスピタリティ感情を育むことに結びつくのが重要である。豊かなホスピタリティ感情は，愛情に溢れた生活環境や自分を思いやってくれる人間関係があ

ることによってより強固となる。一方で，教育は必ずしも立派な人材育成に結びつくものばかりではない。理由として，人間感情にある私利私欲，名誉や地位への欲求，人間関係への打算等が挙げられるほか，相手への忖度や，教える側の人間性や知的活動能力の不足などがある。本来の教育目的にそぐわないと知りつつ，それを排除できない人間の弱さもあるであろう。教育の名の下に行われる強制や抑圧は依然として存在している。

　好悪の感情は人に備わっているものだが，学習により好き嫌いの感情に左右されずに「正義不正義」の判断や，「損得勘定」に拠らない決定ができるようにもなる。それこそが知的な働き（含情動）の総称としての知性と呼ぶものではなかろうか。まだよく自分の考えを持つことができない年少者にこそ，人間的にも立派な見識と態度の持ち主との出会いが不可欠である。行為や言葉の立派な指導者の薫陶を受けることは教育受益者の成長につながる，との教えは昔も今も変わらないであろう。知性は決して知識一辺倒を意味しない。

　幼児期の教育環境に望ましい人材は教育受益者の成長を支援すればこそ阻害しないのは無論だが，何より対象に愛情を持って接する人が求められる。人間は他人の影響を受けやすいため，悪影響を与えるものやこと，人からは遠ざかる知恵や勇気が必要である。正面突破だけが有効な戦術とは限らないから，柔軟性を養うホスピタリティ教育が有効となる。

3-4．愛情に裏打ちされたホスピタリティ教育

　現在，日本の学校教育は集団・大衆教育であり，一斉教育が主流である。幼児期の教育を担う保護者や教育者，とくに朝に夕に有形無形に影響を与える立場の者は初期教育の一義的存在と言えよう。子の養育者や保護者が取り組むべき躾や初期教育は安心安全な場所で実施するのが望ましい。取り組むべきは「早寝早起き三食運動」などのよき生活習慣であり，与えるべきは身体活動と生活技術を結びつける体験である。何より，この世に"無償の愛"があることを信じるひとを育てるという崇高な目的を掲げたい。

　筆者は，人間関係の原点は「あたたかい」ことにあると考える者である。"あたたかさ"を掛け値なしに子に伝えることは，この世に生まれ来たことへの歓迎の意を示す最初の贈り物である。子に対する保護者のホスピタリティは，"無上の喜びとともに共同生活者となる子を迎えることにある"と強調したい。

　だが，世界にはホスピタリティ教育以前に教育そのものへの認識が低かったり，子どもの権利である就学前教育の機会を守るべき主体である親自身がそれを削いだりする実態がある。人類は「人は信じるに値する存在か」という問いに常に直面してきた。遠くで起きた悲劇的な災害や事件事故は他人事であって自分たちには無関係だ，と思う時代は終わったと考えるべきである。私たちは，他所で起きたことを自分の身に引き寄せて考える想像力とシンパシー（sympathy：「共に苦しむ」という原義から，同情，思いやり，共感などの態度のこと），そしてエンパシー（empathy：

共感的理解（心）感情移入）と，環境を改善し回復させる力とを蓄える必要がある。今や，地球そ
れ自体へのホスピタリティを考え，実践するときに来ている。これは，人々が希求する心身の快
適性の追究と並走するものである。御身大事は地球大事につながりそのまた逆も，である。

　人類は，人たる道はどこにあるのかを模索してきた歴史がある。教育はいつの時代も試行錯
誤をしてきた。現在，私たちは地球環境の今に危機意識を共有しつつも，紛争や経済・教育格
差などの問題が噴出する世界の住人と化している。家庭でも幼児教育機関でもホスピタリティ
教育を効果的に導入することは，世界の課題に取り組む人材の輩出につながるというのが筆者
の主張である。

　ホスピタリティ教育は本来人間賛歌でありたい。

3-5．身体にしみこませたいホスピタリティ教育

　日本は，元来「胎教」の大切さを説く国柄であり，江戸期の識字率が世界でもトップクラス
であったことは知られている。身分制度のなか，庶民のあいだにさえ知識の獲得に終わらない
人間の生き方全体に対する関心が保たれていた。明治期に来日した外国人たちの驚きと称賛は
多く書籍に残され，日本人の勤勉さや正直さは国民性として理解された。人柄であれ国柄であ
れ，にわかには形成されないものである。

　『世界子供白書』(2001) には，「子どもが3歳になるまでに脳の発達がほぼ完了する。わずか
36カ月の間に子どもは考え，話し，学び，判断する能力を伸ばし，成人としての価値観や社
会的な行動の基礎が築かれる。この大事な時期に子どものためにどのような選択をし，行動を
するかが，子どもの発達だけでなく，国の前進に影響を与える。」などと記載されている (p.9)。
これは今も変わらぬ真実である。

　心身共に健康で，機嫌よく日々を過ごすことができれば，人としてこれに勝る幸せはないで
あろう。それを阻害するものとして，戦争，災害，事件，事故，病気，貧困，教育機会の欠如，
無知無関心，差別的排他的行動などが挙げられる。これらに一つでも遭遇すると，人の人たる
意識は低下し，日常生活の中断や断絶に直面する事態が生じる。

　読者は，自己の幸福度が下がる経験をしたいと思うであろうか。いや，誰もがみな幸福を
願っていよう。自分一人では解決できない（と思われる）ことでも人間関係や社会制度などに
よって救われることがある。社会に，人的・経済的・制度的にもホスピタリティの網が張り巡
らされていることが重要となる。前述の白書は，政府の適切な関与についても指摘している。

　ホスピタリティ教育が期待される点として，筆者は以下を挙げる。

① 生命科学の学びから生命の存在と継続の貴さを理解する（原点は生命尊重）

② 自尊心を持ち他の自尊心を尊重する（互いに認め合い対等な関係を基本とする）

③ 他から危害を加えられず，他に危害を与えない（自他および社会の安全を守る）

④ 他を騙したり他から騙されたりしない（誠実な生き方を実践する）

⑤ 他を助け，他からも助けてもらえる人格形成に努める（互助の精神を発揮する）

⑥ 他と切磋琢磨し，よりよい社会を作る（安全で住みやすい社会作りに貢献する）

⑦ 他の幸せや成功を賞賛し，自分でも努力を怠らない（賞賛文化を推進する）

⑧ 奉仕や慈善を率先して行う（さささ親切（「さっそく・さわやか・さりげない親切」古閑博美）を率先実行する。魅力行動学で提唱）

⑨ 足元をすくわれないための用心，生命維持に欠かせない物資の補給，後顧の憂いを減らすための始末を心掛ける（独立自尊。安易に他に依存しない）

⑩ 見返りを求めない精神を涵養する（善行を積み，徳行（とっこう）を重ねる）

　これらを一つでも実行する人が一人でも多く増えることが願わしい。「他」とは，他人であり，他国であり，他民族を指す。

　筆者は現在，勤務先の幼稚園で全身教育（「全身にさまざまな刺激を与えることにより心身の善的発達に寄与する教育」と定義（古閑 2018)）を推進し，「いのち（生命力）」「こころ（心力）」「からだ（体力）」の大切さを強調するとともに教育目標の「ただしい子，うつくしい子，つよい子，あかるい子」の育成に取り組んでいる。幼児期は新事実・新発見との出会いの連続である。日々，新しい経験に向き合う園児らの姿に感動や感激，感謝の念が湧いてくる。教師はそれを見て，彼らの好奇心や探求心をさらに高めようと一層の工夫を凝らすのである。それらは「4つの自（自主，自律，自立，自尊）」を促すものとなる。

　筆者は，園児たちの心身の成長を促す試みとして「論語」を正課科目の一つとして担当するとともに，短歌（和歌），自身が考案した「あいあい体操（五十音体操）」「きゃきゅきょ体操（拗音体操）」を通じての身体動作と語彙遊び，「三立（立腰立額立身）（さんりつ）」と「正心静座」の態度教育を実践している。「三立」の先に四立「立腰立顔立身立志（しりつ）」を見据えている。心身を総体として捉え，EQ（Emotional Quotient: 心の知能指数）を高めることは円満な人間力をつけると信じてのことである。園児たちに選んだ短歌は，発声順に以下のとおりである。

さしのぼる朝日のごとくさわやかに 　　　　もたまほしきはこころなりけり　　　　明治天皇御製 親思ふ心に親はいますなり 　　　　まもれ吾身（わがみ）を親と思ひて　　　　河田　新 上衣（うわぎぬ）はさもあらばあれ敷島の 　　　　やまと錦は心にぞ着る　　　　西郷　隆盛 人生は一度きりなり二度はない 　　　　今日一日のいのちありけり　　　　古閑　博美

　膨大な短歌のなかから選ぶことは至難の業であり，結局は筆者が身近で目にし，耳にしていた短歌に自作の短歌を加えた４首とした。言葉は人に影響を与え，「生かしも殺しもする」と言われる。日本語の五七五七七のリズムは，幼児の脳に心地よく響いていると考えられる。これらの短歌や論語の主意を言葉で説明しても園児には難しいのだが，しかし，筆者には園長として彼らに伝えたいことがある。ひたすら「命を，今日という日を大切にして明るく生きよう。人は正心（心を正しくすること。またその心）が大事」との思いを込めて素読し，唱和している。教育こそは上辺をなぞるだけのようなことは絶対に慎みたいと強く自戒している。

4．ホスピタリティ教育への期待

　21 世紀はロボットテクノロジー（robot technology）の時代と言われるが，ロボットの設計者でありなおかつ制作者ならびに運用者でもある“人”には，ホスピタリティ教育がますます重要となってくるであろう。ホスピタリティの精神や作法を涵養するホスピタリティ教育は自然界の不思議や輝きの発見に直結し，人間行動のありように影響を与える。

　筆者は，ホスピタリティソサイエティ（hospitality society：支え合い共に生きる社会）の構築に，① 道徳（moral），② 知性（mind），③ 作法（manners），④ 成熟（maturity）の「4 つの M」を重視している。

　科学技術の革新により，情報の提供や入手環境が急速に整備されていくなか，見えてきたものは悪意や心の貧困，そして教育や民族ならびに経済や地域の格差などである。この先，これまで以上に私たちの生命を育み支えてくれる存在である地球そのものへの敬意や配慮が求められよう。そうしたなか，世界の各地で破壊や侵略，略奪等が行われているのは嘆かわしい限りである。これらを阻止する可能性を模索するならば，まさに幼児教育がその第一歩を担わなければならない。多くを知れば（学べば），人は賢くなるのであろうか。いや，逆に迷いや判断しにくい状況が出現し，迷路に入り込んだようになって自分の行き先を見失い，結局は何も決められないというディレンマに陥ることも有りうる。

　ホスピタリティ教育は「人の振る舞いの根源として求められるものは何か」ということに思いをいたす必要がある。これこそが，ホスピタリティ教育が担う重大な課題ではなかろうか。大航海時代を経て人類の行動は広域となり，情報共有率は格段に上昇した。情報共有率が上がるということは意思疎通に混乱や摩擦が増えるということでもある。結果として世紀を重ねても，人々は仁愛や義理，至誠よりも自己中心的で損得勘定に流されがちとなっていった。それでも人類は，“Leave no one behind.”“One for all, all for one.”等の目標を掲げ，人間の善意や良心など気高い精神に訴えながら社会活動を推進している。

　21 世紀は人の成長過程にみる「情→知→意」の発達から，いよいよ自分で判断し，決断して行動する「行」の領域に入る成長が求められる。人類は自然界の真のリーダーにならなけれ

ばならない。地球上に存する命あるものたちとの共生は人類に託されている。ホスピタリティ教育は，それを担う一つの推進力となりうるのであり，それに対して私たちは幼児期から真剣に取り組む意義があると言えよう。

注

1)　リスクマネジメント（risk management）：日本産業規格（JIS：Japanese Industrial Standards）の定義では「リスクについて，組織を指揮統制するための調整された活動」。危機管理ともいう。幼児教育では危険はリスク（risuk）とハザード（hazard）に区別される。前者は子どもが予測できる危険，後者は子どもが予測できない危険のこと。

2)　そのような観点から読み解くことができる資料は数多い。ギリシアやローマの神話（たとえば，ゼウスが旅人に身をやつして民を試した神話）にもまた日本の物語（たとえば，蘇民将来［疫病よけの神の名］の話。兄弟のうち貧者の弟が神に宿を貸し，そのお礼に疫病から免れる方法を教えられたという備後風土記）にも見ることができる。

📎　発展学習（学修）　📎

1. さまざまな「ホスピタリティ教育」の定義を整理してみよう。
2. 「ホスピタリティ道」の重要性を書き出してみよう。
3. 「ホスピタリティマナー」の重要性をリスク管理の観点から議論してみよう。
4. ホスピタリティ教育の具体的な方法を考えてみよう。

引用・参考文献

ベルツ，エルヴィン著，濱邊正彦訳（1939）『ベルツの「日記」』岩波書店.

バード，イザベラ著，金坂清則訳（2012 ～ 2013）『完訳日本奥地紀行 1 ～ 4（東洋文庫）』平凡社.

カレル，アレキシス著，渡部昇一訳（1939 = 1992）『人間この未知なるもの』三笠書房.

吹野安・石本道明（1999）『孔子全書 1 論語（1）』明徳出版社.

伊藤正哉・小玉正博（2005）「自分らしくある感（本来感）と自尊感情が well-being に及ぼす影響の検討」『教育心理学研究』53, 74-85.

古閑博美（1994）「ホスピタリティ・ビジネスへの一考察——ホスピタリティ・ビジネスに与える ADA の影響——」名東孝二・山田暉・横沢利昌編著『ホスピタリティとフィランソロピー　——産業社会の新しい潮流——』税務経理協会, 61-74.

古閑博美（1996）『魅力行動学入門』学文社.

古閑博美（2001）「儀礼文化への一考察—魅力行動の観点から—」118『儀礼文化』儀礼文化学会, 29, 111-120.

古閑博美（2003）『ホスピタリティ概論』学文社.

古閑博美（2006）「蘇民将来とホスピタリティ」『儀礼文化　第 37 号』201-212.

古閑博美編著（2008）『魅力行動学 ®　ビジネス講座　——マナー，コミュニケーション，キャリア——』学文社.

古閑博美編著（2009）『魅力行動学 ®　看護教育と実践』学文社.

古閑博美編著（2012）『魅力行動学 ®　ビジネス講座 II　——ホスピタリティ，コミュニケーション，プレゼンテーション——』学文社.

パイヤー，ハンス・コンラート著，岩井隆夫訳（1997）『異人歓待の歴史——中世ヨーロッパにおける客人厚遇，居酒屋そして宿屋——』ハーベスト社.

サトー，アーネスト著，庄田元男訳（1992）『日本旅行日記 1・2（東洋文庫）』平凡社.

ユニセフ（国連児童基金）著／平野裕二・（財）日本ユニセフ協会広報室訳（2001）『2001 年世界子供白書』財団法人日本ユニセフ協会.

日本ユニセフ協会（2023）「特集　回復のその先へ　世界の教育危機／ unicef file ［024］就学前教育」unicef news, 277, 10-11.

日本ユニセフ協会「特集　心の健康のために　子どもたちのメンタルヘルス／report 教育を通じて子どものウェルビーイングを高める」unicef news, vol. 279 2023 autumn, 16-17.

オールコック，ラザフォード著，山本秀峰編・訳 (2010)『富士登山と熱海の硫黄温泉訪問』露蘭堂.

オールコック，ラザフォード著，山口光朔訳 (1962)『大君の都 幕末日本滞在記（上・中・下）』岩波書店.

渡辺京二 (1998)『逝きし世の面影（日本近代素描 1）』平凡社.

URL

学校・塾／幼稚園　スタディピア　https://www.homemate-research-kindergarten.com/useful/11106_kinde_032/（2023.06.07）.

UNICEF ニュース　https://www.unicef.or.jp/news/2022/0207.html（2023.09.01）.

第 12 章

ホスピタリティ産業人材としての最低限のマナー

◉　本章のねらい　◉

1. TPO に応じた適切な挨拶，表情・笑顔ができるようになる。
2. TPO に応じた適切な身だしなみができるようになる。
3. TPO に応じた適切な立ち振る舞い・お辞儀ができるようになる。
4. TPO に応じた適切な言葉遣いができるようになる。
5. 相手に応じた敬語が使えるようになる。

キーワード：
スタンバイスマイル，アイコンタクト，3 種のお辞儀（会釈，敬礼，最敬礼），分離礼と同時礼，
3 分類の敬語（尊敬語，謙譲語，丁寧語），特定形，一般形，
5 分類の敬語（尊敬語，謙譲語Ⅰ，謙譲語Ⅱ（丁重語），丁寧語，美化語）

---

1. 挨拶，表情・笑顔

　ホスピタリティ産業人材でなくとも，社会人として，あるいは人として，挨拶はコミュニケーションの基本であることは異論の余地はないであろう。しかしながら，この挨拶ができない人が残念ながら大変多い。朝，オフィスに入ってきて，「おはようございます」。「その「おはよう」今あなたの足元に落ちましたよ」ということが往々にしてある。

1-1. 挨拶の基本

　時や場面によってふさわしい挨拶があり，控えめに会釈だけが望ましい場合や，深々とお辞儀をする必要がある場合などさまざまである。しかしながら，共通していることは，相手を見る，目を合わせるアイコンタクトである。眠そうな目で，誰を見るともなく発せられる「おはようございます」は，相手に伝わらないまま床に落ちてしまうのである。

1-2. 表情・笑顔

　良い表情として穏やかな笑顔を思い浮かべる人も多いと思うが，口元によって表情は大きく変わる（図 12.1）。①から⑤は，口元だけを変えたイラストであるが，印象が大きく違うことがわかるであろう。

図 12.1　さまざまな表情

　接客の現場で「良し」とされるのは，②，③，④ の 3 つである。③は「スタンバイスマイル」と呼ばれ，お客様と会話を始める前の基本姿勢である。お客様にアイコンタクトをとると同時に口角を上げ，若干うなずくことにより，お客様へ話しかけたりお客様からのお話を聞いたりし始めることをお客様に知らせることができる。④はお客様との会話中の自然な笑顔，そして②は，謝罪の際の神妙な表情であり，この時ばかりは口角は上がっていない。ポイントとなるのは口角である。もともと口角が下がっている顔つきの人は，通常時口角が上がっている「スタンバイスマイル」が身につくよう，訓練が必要である。「いつでもお声かけください」という姿勢を表す「スタンバイスマイル」のもとに，お客様は自然と寄ってくる。

　例外として，お客様との関係性によっては，とっても困ったときに①の表情，打ち解けてお互いに大笑いで⑤の表情も，無いわけでは無い，ということを付け加えておく。日本では歯を見せて笑うことがはしたないとされることがあるが，海外では「日本人は笑っても歯を見せないので気味が悪い」という評価も聞かれる。文化や場合を使い分けることが大切であろう。

　接客において心からの笑顔が望ましいのは言うまでもないことではあるが，実際には笑顔で接客ができていないケースも多い。わからないことをお客様から聞かれてしまって内心不安になっている，直前にしてしまった失敗を引きずって気持ちが沈んでいる，物理的に体調が悪い，など要因はさまざまである。心からの笑顔が最も大切であるが，いつでもその場に適した笑顔になれるよう，スキルとして身につけることも接客のプロとしては重要である。なお，お客様からわからないことを聞かれて困った場合は，素直に「大変申し訳ございません。本件については，私では少しわかりかねますので担当者に代わります」などと相手に伝え，わかったふりや意味の不明な笑みを浮かべることは厳禁である。ただ，わからない時でもプロとして最善の方法をつくすこと，そしてプロとして堂々とした態度を保つことは重要である。

　ここまでは口元，口角にフォーカスしてきたが，「目は口程に物を言う」という諺にもあるように，目の表情も大切である。コロナ禍の中，マスクで口元が見えない期間が続き，接客の現場ではマスクをしていても目で笑顔を表すことに苦労したスタッフも多い。

　良い表情としての穏やかな笑顔とは，お客様への感謝の気持ちを表す笑顔であり，その感謝の気持ちは目と口元に表れるのである。

2．身だしなみ

2-1．身だしなみの心得

　「「おしゃれ」は自分のため，「身だしなみ」は
他人(ヒト)のため」とは良く言われることであるが，ホ
スピタリティ産業人材として，自身の身だしなみ
そのものが，企業イメージにつながることを自覚
し，お客様がその企業に期待する信頼に値する身
だしみを心得なければならない。

（出所）EHL の HP。
図 12.2　EHL の学生たちの普段の服装

　漢字で書く「身嗜み」の「嗜む」とは，「常に心
がける，心をつけて見苦しくないようにする，つ
つしむ」などの意味を持つ。「身だしなみ」は，身体を，つつましく，見苦しくないよう，常
に心がけることであるとも言えよう。

2-2．身だしなみの基本（図 12.2）

身だしなみの基本として，次の 4 つ挙げておきたい。

　　① 清潔感…服装，髪，身体，持ち物など自身の身の周りを常に清潔にしておくことを心
　　　　　　　がけるとともに，見た目だけでなく臭いなどにも気を付け，相手に不快感
　　　　　　　を与えないようにする

　　② 機能性…仕事がしやすく，安全性を考慮する（洋服の伸縮性やヒールの高さなど）

　　③ 品　格…企業のイメージに適した品格を保つ

　　④ 控えめさ…個性を強調した自身のためのおしゃれではなく，お客様を引き立てる控え
　　　　　　　めさが大切である

　多様性や個性の大切さが謳われる時代に，企業イメージを優先した控えめな身だしなみに抵
抗を感じることもあろうが，ホスピタリティ産業人材しとしては，身だしなみはお客様のため
のものであり，個性は是非仕事の内容で発揮したいものである。

3．立ち振る舞い・お辞儀

3-1．立ち振る舞い

　ホスピタリティ産業人材として，その立ち振る舞いは身だしなみとともに企業のイメージを
左右する。スタンバイスマイルを備えた立ち姿，きびきびとした動作，丁寧な所作は，お客様
に信頼感を与える。以下，立ち振る舞いの 4 つのポイントを挙げる。

　　① 姿勢を正しく…座っている姿勢，立ち姿，歩き方，すべてにおいて背筋を伸ばした姿
　　　　　　　勢が大切。肩の力は抜き，腹筋に力を入れ，腰（骨盤）を立てることが基本となる。

② 相手に体を向ける…接客の際，顔だけでなく体ごとお客様に向けることで誠意が伝わる。お客様が向かってくるのを待つのではなく，こちらから近づく姿勢も大切。

③ 手指を揃える…立ち姿，歩く際，品物を渡すときなど，手指は5本バラバラでなく揃えることで丁寧な印象を与える。また，方向を指し示す際は，指で指してはならず，手のひら全体で指し示す。その際，手のひらをやや上向きにして親指を軽く内側に曲げ手の甲から見えないように揃えると，上品であるとともに方向性がさらに増す。

④ 動作はきびきび，最後はゆっくり丁寧に…あらゆる動作は機敏に，お客様の目の前の最後の動作はゆっくり丁寧にすることで，お客様第一の姿勢が伝わる。

3-2．お辞儀

頭を下げるお辞儀は日本の挨拶の特徴であり，日本人の礼儀正しさを象徴する動作であるとともに，相手に対する敬いの気持ちが表れる美しい所作の一つと言えよう。

(1) お辞儀の基本

お辞儀は挨拶，お礼，謝罪などの際に行われる動作であるが，それぞれふさわしいお辞儀があるとされている。以下に，基本の3種を説明する（図12.3）。（下の括弧内は腰をまげる角度）

　会　釈（15度）… 挨拶「おはようございます」「いらっしゃいませ」
　　　　　　　　　　上体を15度傾ける

　敬　礼（30度）… お礼「ありがとうございます」
　　　　　　　　　　（普通礼）より丁寧な挨拶/訪問時の挨拶でも使用）
　　　　　　　　　　上体を30度傾ける

　最敬礼（45度）… お詫び「申し訳ございません」
　　　　　　　　　　（より丁寧なお礼/深い感謝，冠婚葬祭・表彰式でも使用）
　　　　　　　　　　上体を45度傾ける

(2) お辞儀の手順とポイント

お辞儀の手順とそのポイントは次のとおりである。

1) 姿勢を正して立つ

① 踵を揃えて立つ。

（「男性は45度から60度，女性は30度から45度」などと言われることがあるが，性別等にかかわらず，体が安定することが大切である。）

② 手は，身体の横でまっすぐ伸ばして揃える。

（手は5本の指をすべてぴったりとつけ，中指がズボンまたはスカートの横の縫い目にくるよう

図 12.3　3 種のお辞儀

（注）お辞儀は，首筋を伸ばし，首と背中がまっすぐなまま腰を折るように上体を前に倒していく。このとき頭を前に落とさないように注意する。目線は，会釈と普通礼のときは自身の背丈ほど先の地上（床上）に落とすとよい。最敬礼のときの目線は，自身の背丈の半分程度先の地上（床上）となるのが自然であろう。

に揃える。）

③ お辞儀をする前に，背筋を伸ばして肩を少し後ろに引くとともに軽く顎を引き，しっかりとアイコンタクトをとる。

（歩きながらの挨拶はなるべく避け，立ち止まってお客様に対面してからお辞儀をする。お客様が他の方と一緒のときは，アイコンタクトと会釈で済ませるなど，相手の状態を考慮に入れたお辞儀ができるようにする。）

2）お辞儀をする

① お辞儀は，首を曲げるのではなく，首筋を伸ばしたまま腰から頭の先までを一直線のまま上体を折り曲げる。

（頭から腰を一直線にすることにより，きちんとした礼儀正しい印象となる。）

② 手は，茶道や武道等，日本古来のやり方は，上体を曲げるときに自然に前に出てきた手をそのまま腿の上を滑らせ，膝頭に向け静かに移動させる方法である。指先に意識をおき，指はきちんと揃え，両手は自分から見て「八の字」にする。

近年では，お辞儀と同時に手を丹田の前で重ねる（左手が上。重ねる位置があまり上すぎると肘が張られてしまうため他者の邪魔となってしまう可能性がある。）やり方と，お辞儀をする前の状態を最後まで保つ（手を最初から最後まで体の側面に沿わせたままとする）やり方もある。（従前は，前者が女性，後者が男性とされてきた。）

③ ほぼ所定の角度となった時点でそのままの姿勢をわずかに保つ。

（とくに敬礼のときはこの時に心で「よろしくお願いいたします」と念じる。お詫びの時は心で「本当に申し訳ございませんでした」と心で謝罪する。）

3）上体を腹筋を使ってゆっくりと戻す

頭を下げる（上体を曲げる）時より上げる時の速度を若干ゆっくりすることで丁寧な印象となる。

頭を上げた（上体を戻した）後は，アイコンタクトと笑顔で親しみを表す。（謝罪の際の笑顔は厳禁。）

　3種のお辞儀のほかに，謝罪会見などより深い陳謝を表すお辞儀として，腰をまげる角度を70度とする手引き書もある。いずれの場合も，角度はあくまで目安であり，挨拶やお礼，謝罪の心を伝えるためのものであることを忘れてはならない。その点においてもう一つ加えるとすれば，ホスピタリティ産業人材としては，お客様に自身の誠意が伝わるように，心を込めてお客様より深く長くお辞儀をするということである。（ただし，深かったり長かったりすればよいのではないので，深さや長さの限度には注意が必要である。）

（3）分離礼と同時礼

　お辞儀の際の挨拶「いらっしゃいませ」や「ありがとうございます」の発声には，分離礼と同時礼がある。分離礼とは，相手の顔を見て，「いらっしゃいませ」と発声してから，丁寧にお辞儀をするやり方の礼である。発声と同時にお辞儀をする同時礼よりも分離礼がより丁寧である。言葉が最後まで相手にしっかりと届くという点でも優れている。しかしながら，相手が急いでいるときなどは，発声と同時に頭を下げ始める同時礼のほうが適切なときも少なくない。その場に応じた使い分けが必要であるが，ポイントは，いずれの場合も頭を下げる前にしっかりとアイコンタクトをとることである。

4．言葉遣い・敬語

　ホスピタリティ産業人材にとって，正しく美しい日本語，お客様に感謝と敬意を表す敬語を使用して会話をすることは大切であり，基本として心がけたいことである。単に言葉を使うのでは無く，お客様と心を通わす「心の遣い」としての言葉遣いを大切にしたい。

　注意点は，次のとおりである。

（1）正しい敬意表現，敬語を使用する（敬語の種類と用法）

　尊敬語と謙譲語を正しく使い分けることは難しく，残念ながら，接客の現場で間違った表現を耳にすることも少なくない。ポイントは，尊敬語は相手の動作・状態を直接高めるものであるため相手の動作・状態にのみ使える表現であるのに対し，謙譲語は，基本的には自身や身内の動作・状態あるいは状況に使うことによって間接的に相手を立てる表現であるため，相手の動作・状態には基本的に使えない表現であることを認識することである。しかし，普段使用しない丁寧な表現が，相手の動作・状態にしか使えない表現（尊敬語）なのか，自分の動作・状態にしか使えない表現（謙譲語）なのかの区別がつかず，逆に使用してしまったり，尊敬語と謙譲語の複合語のような言葉で話されていたりすることがある，その違いをしっかりと理解し

たい。

　平成 19 (2007) 年の文化庁による「敬語の指針」により，敬語は「尊敬語」「謙譲語Ⅰ」「謙譲語Ⅱ」「丁寧語」「美化語」の 5 種に分類されている (表 12.1)。従来 3 種の分類 (表 12.2) であったが，「謙譲語」が「謙譲語Ⅰ」と「謙譲語Ⅱ (丁重語)」に，「丁寧語」が「丁寧語」と「美化語」に，それぞれ区分された。

　とくに謙譲語の 2 つの分類については理解が必要である。謙譲語には，「自分側から相手側又は第三者に向かう行為・ものごとなどについて，相手を立てて (従来は「自分を遜って (下げて)」と表現されていた) 使う表現」(本来の謙譲語) と，「自分の行為・ものごとを聞き手や読み手に丁重に言う表現」(丁寧語に準ずる表現) の 2 つに大きく分かれるため，前者を「謙譲語Ⅰ」，後者を「謙譲語Ⅱ (丁重語)」とすることになったのである。

　たとえば，「行く」の謙譲語に「参る」(助動詞の場合は「まいる」) という表現がある。相手に向かう行為やものごとではない「明日から海外へ参ります」「雨が降ってまいりました」などは謙譲語Ⅱ (丁重語) というわけである。ここで問題は，同じ「参ります」でも相手のところに行く場合の「3 時に御社に参ります」の「参ります」は謙譲語Ⅰなのかということである。その答えとしては，「参ります」は謙譲語Ⅱ (丁重語) なので，丁重に表現しただけということになる。もちろん丁重に表現した場合でも，相手を立てたことになるが，もし相手をさらに立てた表現である謙譲語Ⅰを使用したければ「伺います」を使うべきだということになる。

(2) ウチ (内) とソト (外) を使い分ける

　お客様や上司に対して敬語を使用することは基本であるが，お客様に対しては，社内の上司のことを話す際には，上司はウチ，お客様はソトとなり，上司の行動・状態は謙譲語を使用する。この，ウチとソトの使い分けがさらに難しいのであるが，これを使いこなすことができると，その人自身とその人が所属する会社の信頼度は確実に上がるであろう。

　以下に，お客様との会話において間違えやすい表現例を記載する。

表 12.1　5 分類の敬語の種類と働き

	5 分類		3 分類
尊敬語	相手側又は第三者の行為・ものごと・状態などについて，その人物を立ててのべるもの	「いらっしゃる・おっしゃる」型	尊敬語
謙譲語Ⅰ	自分側から相手側又は第三者に向かう行為・ものごとなどについて，その向かう先の人物を立てて述べるもの	「伺う・申し上げる」型	謙譲語
謙譲語Ⅱ (丁重語)	自分側の行為・ものごとなどを，話や文章の相手に対して丁重に述べるもの	「参る・申す」型	
丁寧語	話や文章の相手に対して丁寧に述べるもの	「です・ます」型	丁寧語
美化後	ものごとを美化して述べるもの	「お酒・お料理」型	

(出所) 文化庁 (2007) の p.13 の表とその説明を統合して作成。

（×）来週，<u>加藤部長</u>は出張で海外に<u>いらっしゃる</u>予定です。

（○）来週，<u>部長の加藤</u>は，出張で海外に<u>参る</u>予定です。

 ・「加藤部長」のように役職を名字の後に付ける場合，役職自体が「様」と同様の敬称にあたる。したがって，お客様との会話では，ウチである上司に役職を付けては呼ばない。「加藤」と呼び捨てにするか，役職を明らかにする場合は，「部長の加藤」となる。

 ・「いらっしゃる」は尊敬語，ウチである上司の行動は謙譲語の「参る」を使用する。

（×）部長の加藤に，そのように<u>お伝えいたします</u>。

（○）部長の加藤に，そのように<u>申し伝えます</u>。

 ・「お伝えする」は，自分が上司に対して尊敬語を使用している表現，お客様との会話では，ウチである上司に対して，謙譲語の「申し伝える」を使用する。

表12.2　3分類の敬語の種類と用法（働き）・用例

	尊敬語	謙譲語	丁寧語
用法 （働き）	相手の動作や状態を高める表現をすることで，相手に敬意を表す	自分（身内・自社）の動作や状態をへりくだった言い方をすることで，相手に敬意を表す	丁寧な言葉を使用することで相手に敬意を表す
基本パターン （一般形）	「お〜になる」「ご〜になる」「れる」「られる」他	「お〜する」「ご〜する」他	「です」「ます」「ございます」
特定形のある言葉			
言う	おっしゃる	申し上げる，申す（丁重語）	言います
聞く	―　（お聞きになる）	伺う，拝聴する　（お聞きする）	聞きます
見る	ご覧になる	拝見する	見ます
する	なさる	致す（丁重語）	します
いる	いらっしゃる	おる（丁重語）	います
行く	いらっしゃる	伺う，参る（丁重語）	行きます
来る	おいでになる，お越しになる お見えになる	伺う，参る（丁重語）	来ます
食べる	召し上がる　（お食べになる）	いただく	食べます
飲む	召し上がる　（お飲みになる）	いただく	飲みます
会う	お会いになる	お目にかかる，お会いする	会います

（出所）文化庁（2007）を参考として作成。

(3) 専門用語・略語・同音異義語に注意する

　業界や職種の専門用語や略語は，社内で仕事を効率よく円滑に進めるためには必要であるが，お客様にとっては，理解できないばかりか，その用語を知らないことを馬鹿にされているのではないかと不安や不快に感じさせる場合もある。また，同音異義語も誤解のもととなるため注意が必要である。

(4) 曖昧な表現はしない；名前や数字にも注意する

　日本語は，英語などの外国語と比較して，曖昧な言葉だと言われることがある。その代表として，主語が無く“誰か”を明言しない会話や，「大丈夫」や「結構」など，YES と NO のどちらにもとれるような表現もある。

　とくにホスピタリティ産業人材としては，お客様の名前を正しく呼びかける，書くことは大切である。たとえば，東（ひがし）様と（あずま）様など，読み方の違いや，今井（いまい）様と今江（いまえ）様，小木（おぎ）様と小尾（おび）様など，聞き間違いにも注意が必要である。また，ビジネス上では数字の間違いは大問題に発展する可能性も高く，間違えないための工夫が必要である。たとえば，日付であれば，「6月1日の日曜日ですね」と曜日を添える，時間であれば，「明日の15時，午後3時ですね」と複数の言い方で確認する，などである。

　名前や数字に限らず，少しでも曖昧だと感じた場合には，「もう一度確認させていただきます」「複唱させていただきます」などと確認する。確認しようとすることは，相手を煩わせることではなく，逆に安心感・信頼感を与える行為であることを覚えておきたい。

(5) 基本接客用語を適切に使いこなす

　表12.3は，ホスピタリティ産業人材が頻繁に使用する基本的な接客用語である。挨拶や感謝など，どれも一日に何回，何十回と口にする言葉である。自然とこれらの表現が出てくるように訓練したい。

　表12.3の備考欄に気を付けたい表現を記している。たとえば，「こんにちは」という挨拶は，親しい間柄で用いられる砕けた印象のある表現のため，フォーマルな接客現場では注意が必要だと言われている。その一方，東京ディズニーランドでは，「いらっしゃいませ」という一方的になりがちな挨拶ではなく，「こんにちは」を使用することで，お客様からも「こんにちは」と会話が続くコミュニケーションをしているという。このように，どのような言葉が適切かは，基本接客用語をしっかりと理解したうえで，その場に応じた，さらにはお客様一人ひとりに応じた適切な使い方が必要となるのである。

(6) 「心の遣いとしての言葉遣い」とする

　基本接客用語の挨拶など，1日に何十回も口にすると前に書いたが，このことこそ，ホスピタリティ産業人材にとって気を付けなければならないことである。

　言葉にはそれぞれ意味があり，その意味のとおりに聞こえる音で表現しなければ，心の遣いとしての言葉は伝わらない。「ありがとうございます」を本当にありがたそうに伝えるには，スキルが必要である。棒読みのように聞こえてしまうもの，ただ声が大きいだけのもの，語尾がはっきりしないものなど，残念ながらとても多い。謝罪の「申し訳ございません」に至って

表12.3　基本接客用語

	基本的接客用語	基本的な別表現	備　考
挨　拶	いらっしゃいませ	おはようございます	「こんにちは」は，カジュアルな表現のため，ビジネスの場合は一般的に不適切だが，カジュアルさを出したい場合等には適切。
	お気をつけてお帰りくださいませ	ご来店ありがとうございました	
応　答	かしこまりました ただいま，承ります	承知いたしました	「少々お待ちください」は相手に待つことを命じる表現なので注意が必要。
謝　罪	申し訳ございません	大変失礼いたしました	「すみません」「ごめんなさい」は，ビジネスにおける謝罪の表現として不適切。
	おっしゃるとおりでございます	ご指摘ごもっともでございます 貴重なご意見，誠にありがとうございます	
感　謝	ありがとうございます	いつもお世話になっております	
その他	（誠に申し訳ございませんが，） 致しかねます ご希望に添えず，誠に申し訳ございません。	（大変恐縮でございますが，）わかりかねます	とくに断るときは，クッション言葉を入れないと逆に失礼になるので注意が必要。
クッション言葉	大変申し訳ございませんが	恐れ入りますが	お断り（大変申し訳ございませんが）と依頼（恐れ入りますが）のクッション言葉の違いに注意。
	お手数をおかけいたしますが	ご足労をおかけいたしますが	「ご足労をおかけいたしますが」は，わざわざいらしていただくときの表現。

は，本人は心底申し訳ないと思っていても，そのように表現されていなければ，「申し訳ないと口先だけで，誠意が感じられない」など，さらなる苦情となる場合さえある。

　言葉の意味どおりの表現力をスキルとして身につける訓練の手始めに，まず自分の声を聴くことが大切である。「お客様の仰っていることをきちんと聴きなさい」とはよく言われることであるが，案外，自分の声こそ聞こえていないものなのである。是非，自分の声が，言葉が，どのように相手に伝わっているかを意識して聴くことにより，何十回も口にするその言葉を，心の遣いとしてお客様に届けていけるようにしてほしい。

5．お礼は4回

　本章の冒頭で，ホスピタリティ産業人材でなくとも，社会人として，あるいは人として，挨拶はコミュニケーションの基本であると述べた。そして，挨拶の中でも感謝を伝えるお礼は，

表12.4　御礼の４回のタイミング

	お礼のタイミング	表現例
①	お世話になる／なったときなど，その場で。これからお世話になる相手にお会いしたばかりのときなどに	「本日はお時間をお作りくださりありがとうございます／ございました」 「お招きいただきましてありがとうございます／ございました」
②	別れ際に	「本日は○○を有難うございました」 「おかげ様で楽しい時間を過ごすことができました」
③	自宅に戻った後で	①＋②＋伝えそびれたことを，メールや手紙で （メール文の例）「本日は，お忙しいなか，わざわざ弊社までお越しくださり誠にありがとうございました。おかげさまで…」
④	再会時（翌日以降）に	③の内容を簡単に 「昨日は，○○いただきありがとうございました」

（出所）金子の案を冨樫が表化。

人と人との信頼関係を築く上で欠かせないものであり，少なくとも４回伝えるチャンスがある。機会を逃さず，適切なときにしっかりと気持ちを伝える必要がある。

　まずは，会ったときの挨拶時，あるいは何かをしてもらったりお世話になったりしたときにその場でのお礼である。２回目は相手と別れる際，さらには自宅に帰った後，最後はその相手と再会したタイミングの４回である。すべてのケースでお礼が４回必要であるわけではないが，この４回のタイミングを意識し，実際に言葉に出して伝えていくことにより，人として信頼を得るコミュニケーションを心がけていきたい。

🖉　発展学習（学修）　🖉

1. 近年，ファミリーレストランで洋食を食べる際，プレートを持ち上げて食べている人を見かけるようになった。これは，高級レストランでは見かけない風景である。本章ではテーブルマナーについて言及していないが，テーブルマナーはホスピタリティ産業人材として欠かせないマナーの一つである。権威ある洋食や和食のマナー本にて洋食と和食のマナーについて確認しておこう。

2. 近年の国際交流の隆盛により，「プロトコール」への関心が高まっている。現在の日本で「プロトコール」と発音したり書いたりする場合，国家間における外交上の儀礼を指す。たとえば各国の国旗を掲げるならどのような順番で掲げるかなどの決まりが「プロトコール」である。「プロトコール」を守らない場合，単なる間違いや事故では済まされず，国家間の争いにつながる可能性もある。ホテルや国際会議場などでのプロトコールを専門書により自学自習しておこう。

3. 秘書検定などのテキストを活用して洋間や和室及び車での席次を確認しておこう。

引用・参考文献

古閑博美・金子章予・倉田安里 (1999)『日本語会話表現法とプレゼンテーション』学文社.

古閑博美編著 (2008)『魅力行動学 ビジネス講座——マナー，コミュニケーション，キャリア』学文社.

古閑博美編著 (2012)『魅力行動学 ビジネス講座 II ——ホスピタリティ，コミュニケーション，プレゼンテーション』学文社.

小栗かよ子・堀田明美 (1997)『エレガント・マナー講座：国際線スチュワーデスが教える』PHP 研究所.

文化庁 (2007)「敬語の指針」(文化審議会答申).

URL

せとうち観光専門職短期大学「観光 Web 講義　堀田明美「観光の懸け橋となる接遇」」 https://web.seto.ac.jp/author/hotta-akemi/#a20 (2021.06.27)

せとうち観光専門職短期大学「観光 Web 講義　堀田明美「観光の懸け橋となるもてなし」」 https://web.seto.ac.jp/author/hotta-akemi/#a115 (2023.10.10)

せとうち観光専門職短期大学「観光 Web 講義　堀田明美「観光の懸け橋となるプロトコール (国際儀礼)」」 https://web.seto.ac.jp/author/hotta-akemi/#a120 (2023.12.17)

参考　表　ヨーロッパにおける異人歓待の分類（パイヤー（1997）による）

	性　質	種　類	備　考
A 無償	(1) 負担者の厚意	a「客人厚遇」	・「異邦人（旅人）を友好的に迎え入れて宿泊させ，食事を提供する」という風習は，古代より世界各地において存在した。（独語：Gastfreundshaft）
		b 食事提供の無い「（普遍的な）異人歓待」	・ヨーロッパの中世（封建時代4,5～16世紀），とくに11世紀頃に確立した「（普遍的な）異人歓待」とそれまでの「客人厚遇」の大きな違いは，前者には食事の提供がなかったという点である。 ・「異人歓待」には，①「（誰に対しても為される）内容が限定的なもの」と②「（特別な人に対する）内容に変化があるもの」とがあった。「異人歓待」の対象となっていたのは，とくに異邦人，裁判の開廷日や王の宮廷へ旅をする人々，使節，巡礼者，商人。誰でも対象とする異人歓待には「短期間（1,2泊程度）の宿泊，暖，薪，水，馬の飼い葉」しか含まれず，食糧は対象外であった。この種の異人歓待は，「旅人が少ないわけではない」「必要な食料品を旅人が持参することを期待できた」「食糧を市場や居酒屋で購入できた」という条件が存在したことによる。 ・内容に変化があるものとしては，「巡礼者や旅人に対する嫌がらせ・略奪・殺害からの保護」（バイエルン族），「旅人に対して垣を巡らせた畑・牧地の外側で，木を切る・馬に草を食ませることの許可」（ランゴバルド族）など，多種多様。
		c「教会の異人歓待」	・585年の第二回マコン公会議（公会議：キリスト教の最高会議）では，「乞食を犬の群れで追い払うことを禁止」「良質の客人のための宿坊及び巡礼者・貧者のための宿坊が建てられるべき」「至る所でないがしろにされてきた異邦人・貧者・病者のためのクセノドキーエン（キリスト教異邦人宿）や施療院を，山岳地帯を含めて再建すべき」とされた。皇帝は，「普遍的な異人歓待」の惨状を「教会の異人歓待」によって改善しようとして，司教，聖職者，修道院が客人をもてなすよう促した。
	(2) 受益者が強制（片務）	a「君主歓待」	・古代より，君主・権力者（又はその従者，代理人，軍隊）の側から，礼儀に基づく宿泊及び食事のもてなしを臣民に求める「君主歓待（Herrscher Gastung）」は存在した。 ・近代以前において「領土内を旅して回る統治の仕方」は全世界で見られたが，「君主歓待」はその基礎にあった。
		b「司教歓待」（巡察中の司教などへの教会・修道院等による歓待）	・6世紀以降，司教や司教座教会首席助祭・首席司祭は，巡察での訪問先の教会・修道院に対して歓待を求めた。カロリング期（8～10世紀）にはその慣習が確立した。 ・教会改革（11世紀中頃～）の動きの中で，歓待に反対する動きが広がり，12世紀には，修道院と司教との間の対立も強まった。 ・13世紀以降，歓待義務が貨幣で支払われることが多くなり，司教は，自分たちの服務の旅の道中でその貨幣を宿屋での宿泊と食糧のために使った。
		c「領主歓待」（Herrschaftliche Gastung）	・9世紀にイムニテート（独語:Immunität，英語:Immunity，日本語:「不輸不入権」：中世ヨーロッパの荘園制において領主が有していた荘園への税の免除特権及び王国の役人立入の拒否権）が成立して以降，「領主歓待」が登場。土地領主は自らまたは代行者によって裁判，行政，狩猟，戦争のために領内を通行する途中で教会，修道院，封臣，地領主の管理人，不自由農民，自由農民に宿泊場所と食事の提供を求めた。
B 有償	(1) 支払いを受けるもの	a「巡礼者にたいする歓待」	・巡礼者は，巡礼者宿泊所，クセノドキーエン，修道院，巡礼教会に宿泊する他，（商人や一般の旅人と同様）様々な家に泊まったり野宿したりすることもよくある。 ・「宿泊は無償だが食事は持参もしくは市場などで購入」という慣行は存続していた。 ・9～13世紀初頭，巡礼者宿泊所として「ホスピティア,ホスピテス」がよく利用された。 ・12世紀以降，異人歓待の商業化が進行した。
		b「商人宿主」	・1～13世紀には，異人歓待が至るところで急速に変化し発達したが，「宿主と客人との間の個人的な信義の関係」は引き続き見られた。 ・宿主が商人として仲介者・仲買人としての機能を果たしていた。 ・この時期には，国家が宿主の庇護権を制約し，「宿主を客人の世話，客人の保護のための公の受託者とする」規定が増えた。
	(2) 商人の共同・強制宿泊（Gemeinshafts-und Zwangsunterkunft）		・「公の家屋・宿舎」（中世初期頃から領主又は共同体によって作られたが，13世紀に確立）を訪問したのは主に遠隔地商人であり，それらは，①遠隔地商業の促進，②強制宿として遠隔地商業の監視，の役割を果たした。それらが存在した場所は，交通地理上の重要な中心地，館・修道院・教会の付近，港その他の商業地であった。それは多くは，言語上・文化上いくつかの地域にまたがる境界ゾーン（＝ヨーロッパ周縁地域）であった。
	(3) 異人歓待業	a 居酒屋（Taverne）	・メロヴィング朝期（5～8世紀中葉）には，居酒屋の存在を直接的に示す史料は極めて少ない。この時期の旅人たちの宿泊先は，宿屋ではなく，高位又は一般の人の家だった。 ・カロリング朝期（8～10世紀）の勅令には，居酒屋が自明のものとして現れる。ただし，13世紀までは「宿泊と食事提供の分離」が一般的であった。
		b 旅籠（Wirtshaus），宿屋（Gasthaus）	・特に諸都市の年代記では，「食糧抜き又は食糧付きの，旅人を宿泊させる家」と「宿泊を提供しない酒場，小売商露店」が区別されている。都市間の街道，遠隔地商業路沿いの辺鄙な地域，農村の小定住地にある居酒屋は，一般的には酒場兼旅籠だったと考えられる。

（出所）岩井（1997）p.404，表1を参考に，パイヤー（1997）の内容より作成。

参考　表　ヨーロッパにおける異人歓待の歴史的変遷

	種　類	誕生時期	衰退時期	備　考
1	「客人厚遇」	古代（紀元前）	中世に一般化した「食事を伴わない無料の宿泊制度」としての普遍的異人歓待にとって代わられ，11世紀以降，衰退。	
2	「君主歓待」	古代（紀元前）	12世紀以降，営業宿屋へと移行。	本来の「客人厚遇」は，主人側の厚意によるものであったが，客人厚遇の一種として，君主側が強要。
3	「異人歓待」（一般の家による，異邦人・巡礼者・旅人・商人にたいする無償の歓待）	中世（4，5世紀）・この種の異人歓待は，11世紀まで，あらゆる種類の旅人の宿泊にとって基本原理であり続けた。・ほとんどの都市では，市民や家の所有者は誰でも，13，14世紀まで異邦人の客人を宿泊させる権利をもっていた。	13世紀以降，商人歓待と居酒屋と市場の結びつきの解体に伴って「営業宿屋」へと移行。13世紀末以降，「公の宿屋」が登場するにつれて，支払いを受けて宿泊と食糧を提供することも一層多くなり始めた。	異邦人はどのような家にも投宿したが，酒類と食糧は，持参もしくは市場・飲み屋または居酒屋で購入，あるいは宿主に買いに行かせた。
4	「教会の歓待」	6世紀	11世紀末以降，「教会の歓待」は，富裕者や権力者に限定。商人，旅人，貧者に対するものは「営業宿屋」へと移行。	「教会の歓待」と「司教の歓待」の区別は若干微妙。「教会の歓待」には，広い意味では，貧者，旅人，商人も含まれた。教会側が自主的に歓待する場合，「教会の歓待」と呼ばれた。
5	「司教歓待」	6世紀		司教側が教会に歓待を強要して実現した場合，「司教歓待」と呼ばれた。
6	「領主歓待」	9世紀		領主側が歓待を強要。司教が領主であることもあったため，「司教歓待」と「領主歓待」とは区別がつかない場合も少なくなかった。
7	「公の宿屋」	・「公の家屋・宿舎」が古くから領主又は共同体によって作られたが，「公の宿屋」は13世紀に確立。		
8	「営業宿屋」	・13世紀以降の数多くの都市法や村落法は，居酒屋の公共性を強調。（客人は刑事訴追や債務訴追から庇護されなかった。）・13・14世紀の変わり目以降，他の異人歓待の形を圧倒。		13世紀以降，「（永続）居酒屋」（11，12世紀以降，市場や都市の前段階や付属物として発生）が，①家屋敷としっかりと結びつくようになったこと，②その経営が恒常化したこと，③独占的な地位をある程度確保したこと，により営業宿屋へと移行。

（出所）岩井（1997）p.404，表2を参考に，パイヤー（1997）の内容により作成。

引用・参考資料の追加

岩井隆夫（1997）「訳者あとがき」in パイヤー『異人歓待の歴史——中世ヨーロッパにおける客人厚遇，居酒屋そして宿屋——』ハーベスト社.

索　引

162

[編・著者プロフィール]

＊ 金子章予（かねこあきよ）（第1・2・3・4・5・6・7・8・9・10章）
東京大学大学院教育学研究科博士課程単位修得満期退学（教育学修士）
西武文理大学サービス経営学部教授。電気通信総合研究所・情報通信総合研究所にて国際会議のコーディネータ，国際団体事務局・研究員を経て，大学教員。韓国政府関連機関日本事務所における産業カウンセラー兼ビジネスアドバイザーなど兼務。

古閑博美（こがひろみ）（第11章）
日本航空客室乗務員を経て教育に携わる。
東洋大学大学院文教育学研究科博士前期課程修了（教育学修士）
学校法人練馬みどり学園 田柄幼稚園園長／元嘉悦大学ビジネス創造学部教授・嘉悦大学付属地域産業文化研究所所長，二松學舍大学・西武文理大学非常勤講師。

冨樫文予（とがしふみよ）（第12章）
跡見学園女子大学英文学部卒業後，㈱帝国ホテル入社，ホテル統括マーケティング部門を経験後，宿泊部ゲストリレーションズ，オペレーター支配人，客室課長，業務推進課長を経て，2016年ザ・クレストホテル柏総支配人室長。2018年より西武文理大学サービス経営学部准教授。

（＊は編著者）

ホスピタリティ概論
　―ホスピタリティ研究・教育・産業の現状と未来

2024年3月30日　第1版第1刷発行　　　　　　　〈検印省略〉

編著者　金 子 章 予
発行者　田 中 千 津 子
発行所　株式会社 学 文 社
郵便番号　153-0064　東京都目黒区下目黒3-6-1
電話　（03）3715-1501（代表）　振替　00130-9-98842
http://www.gakubunsha.com

乱丁・落丁本は，本社にてお取替え致します。
定価は，カバーに表示してあります。
印刷／新灯印刷株式会社

ISBN 978-4-7620-3316-2